高校实验室安全教程

GAOXIAO SHIYANSHI ANQUAN JIAOCHENG

刘 哲　宋小飞　晏 锦 ◎ 主编
王业斌　方雅君　黄 诚　刘宇恒 ◎ 参编

华南理工大学出版社
SOUTH CHINA UNIVERSITY OF TECHNOLOGY PRESS
·广州·

图书在版编目（CIP）数据

高校实验室安全教程 / 刘哲，宋小飞，晏锦主编. —广州：华南理工大学出版社，2023.8
ISBN 978-7-5623-7337-7

Ⅰ.①高… Ⅱ.①刘… ②宋… ③晏… Ⅲ.①高等学校 - 实验室管理 - 安全管理 - 教材 Ⅳ.①G642.423

中国国家版本馆CIP数据核字（2023）第051610号

高校实验室安全教程

刘哲　宋小飞　晏锦　主编

出版人：柯　宁
出版发行：华南理工大学出版社
　　　　　（广州五山华南理工大学17号楼，邮编510640）
　　　　　http://hg.cb.scut.edu.cn　E-mail:scutc13@scut.edu.cn
　　　　　营销部电话：020-87113487　87111048（传真）
责任编辑：吴翠微
责任校对：王洪霞
印　刷　者：佛山家联印刷有限公司
开　　本：787mm×960mm　1/16　印张：13　字数：248千
版　　次：2023年8月第1版　印次：2023年8月第1次印刷
定　　价：42.00元

版权所有　盗版必究　　印装差错　负责调换

前言

实验室是现代大学的心脏。高等学校实验室作为实验教学和科学研究的基地,既是培训本科生、研究生实验能力及专业技能的重要场所,又是培养学生创新能力和科研素质的重要基地,还是高等教育"培养适应新世纪我国现代化建设需要的具有创新精神、实践能力和创业精神的高素质人才"的重要领地。

实验室安全涉及人身、实验操作、仪器设备、辐射、化学品、防火防爆、危险废物处置及环保等诸多方面,是高等学校实验室建设与管理的重要组成部分,也是校园安全教育与文化培养的重要组成部分。

随着高等学校的快速发展,办学规模的不断扩大,实验室安全问题也日益严峻。近年来,高等学校实验室安全事故时有发生,轻者造成实验仪器、设施损坏,实验进程中断;重者造成实验人员伤亡;同时对出事校方、院系也造成了不良的社会影响。

《高校实验室安全教程》为高校师生提供了实验室工作的安全指引。全体师生在开展实验工作时须重视安全,严格遵守实验室安全管理制度和有关仪器设备、化学品、辐射、生物、实验废物等方面的安全管理规定,科学实验,规范操作,消除隐患,避免事故的发生。

由于编者水平有限,书中可能存在着纰漏和错误,对于书中的缺点和不足,敬请各位教师、学生批评指正。

衷心希望大家能够掌握安全知识,强化安全意识,提高防范自救能力。让我们从关爱自我做起,携手共创平安校园、共建和谐社会!

作者

2022年11月

目录

第1章　实验室安全概论 / 001

1.1　基本要求 / 001
1.2　实验人员要求 / 002
1.3　非办公时间实验安全须知 / 003
1.4　实验室常见安全标志 / 003
1.5　实验室安全管理法律法规 / 004
1.6　实验室个体防护 / 006

第2章　常见火灾隐患与处置 / 013

2.1　实验室火灾发生的常见隐患 / 013
2.2　实验室火灾预防 / 013
2.3　防火器材 / 016
2.4　火灾处理 / 017
2.5　火灾逃生与自救 / 020

第3章　仪器设备的安全使用与管理 / 021

3.1　冰箱的管理 / 022
3.2　加热设备的管理 / 022
3.3　高速离心机的管理 / 023
3.4　机械加工设备的管理 / 024
3.5　通风橱的管理 / 024
3.6　特种设备的管理 / 026

第4章　辐射的危害与防护 / 035

4.1　实验室常见放射源和放射性装置 / 035
4.2　电离辐射及其危害 / 036
4.3　电离辐射防护 / 037

第5章　激光的危害与防护 / 041

5.1　激光等级的分类 / 041
5.2　激光的危害 / 042
5.3　激光使用的个人防护 / 043
5.4　激光安全的管理要求 / 044

第6章　危险化学品基础知识 / 045

6.1　危险化学品的概念和分类 / 045
6.2　易制爆化学品 / 059
6.3　易制毒化学品 / 059
6.4　剧毒化学品 / 062
6.5　危险化学品的采购、存储、使用管理安全 / 070

第7章　生物安全基础知识 / 074

7.1　实验室生物安全的基础知识 / 074
7.2　生物实验室的安全监管 / 075
7.3　生物实验室的个人防护 / 077
7.4　各级生物实验室的个人防护要求 / 079

第8章　实验废物的处置与管理 / 080

8.1　实验废物的一般处置原则 / 080
8.2　化学废物的管理与处理 / 082
8.3　放射性废物的管理与处理 / 087
8.4　生物废物的管理与处理 / 087

第9章　实验室事故应急处置 / 089

9.1　实验室应急设施与事故应急预案 / 089
9.2　实验室应急准备 / 092
9.3　实验室事故报告程序 / 097
9.4　实验室常见事故发生原因 / 097
9.5　实验室各类事故应急处置 / 098

附录　安全相关法律法规 / 105

中华人民共和国安全生产法 / 105
中华人民共和国消防法 / 128
中华人民共和国职业病防治法 / 142
中华人民共和国特种设备安全法 / 159
危险化学品安全管理条例 / 176

第1章

实验室安全概论

符合基础安全管理规范和要求的实验室是高校师生开展各类教学科研任务的前提保障，也是做好实验室安全管理工作的基础条件。本章主要介绍了实验室安全基本要求、实验人员要求、非办公时间实验安全须知、实验室常见安全标志、实验室安全管理法律法规、实验室个体防护6个方面，提出了做好高校实验室科学规范的基本要求、个人防护以及实验室常见注意事项等要素，为高校实验室安全的基础要求与日常管理提供依据与指导。

1.1 基本要求

（1）根据实验室的特点制定实验室的安全和环保管理制度，并在醒目位置张贴、悬挂。

（2）详细制定紧急事故处理的应急预案并张贴、悬挂于显眼位置。

（3）实验室门口应张贴安全信息牌，有危险的场所、设施、设备物品及技术操作等要有警示标志，并及时更新相关信息。

（4）指定工作人员对实验室安全工作进行监督和检查。

（5）实验室管理者应根据需要选择合适的防护用具，并负责对防护用具进行维护和更新，确保其适用范围、有效性及完好性。

（6）实验室应合理规划，物品堆放整齐，保持室内通风、地面干燥，及时清理废旧物品，保持消防通道畅通，便于取用防护用品、消防器材和关闭总电源。

（7）按照有关要求对实验室产生的废物进行分类并且按照规定进行处理。

（8）定期排查电路、水路以及设备仪器的使用情况，及时清除安全隐患，报废老化设备。

（9）进入实验室工作的学生和工作人员必须参加实验室安全培训和相关仪器设备的使用培训，新人员必须经考核合格后方可进入实验室工作。

（10）进入实验室必须遵守实验室的各项规定，严格执行操作规程，做好各类记录，了解实验室潜在的实验风险和应急方式，采取必要的安全防护措施。

（11）禁止在实验室内吸烟、饮食、睡觉、使用燃烧型蚊香等，禁止放置与实验室无关的物品；严禁追逐打闹，严禁穿露趾鞋、短裤进入实验室。

（12）危险品，包括放射性同位素及其废物、剧毒品、麻醉药品、精神药品、易燃易爆品、高致病性病原微生物菌（毒）种等，须严格按照国家和学校的规定进行管理，领取、保管、使用以及废物的处理环节要有完整的、规范的记录，要定期对危险品进行全面的核对和盘查，做到账物相符。

（13）放置危险品的场所要加强安全防卫工作，要根据危险品的性质采取适当的安全防护措施，实验室安全人员要按规范操作，并做好个人防护。

（14）一旦发生火灾、爆炸以及危险品被盗、丢失、泄漏、严重污染和超剂量辐照等安全事故，须立即根据情况启动事故应急处理方案，并采取有效的应急措施，同时向学校主管部门、保卫处报告，必要时向当地的公安、环保、卫生等行政主管部门报告，事故经过和处理情况应详细记录并存档。

1.2　实验人员要求

1.2.1　应做事项

（1）接受安全教育和环保知识的培训，遵守规章制度。

（2）实验前查阅药品的性质、潜在危险。

（3）使用适当的安全设施及个人防护装备。

（4）保持实验室整齐干净，及时清理并分类收集处理实验废物。

（5）实验结束后，检查各项设施并做好自身清洁。

（6）如有意外应立即报告。

1.2.2　禁止事项

（1）禁止在实验室饮食、奔跑、嬉戏或进行其他与实验操作无关的活动。

（2）实验进行时，切忌擅自离开岗位。

（3）未经培训切勿使用不熟悉的仪器或开展未经允许的实验。

（4）严禁堆放杂物堵塞消防通道及安全出口。

1.3 非办公时间实验安全须知

（1）一般情况下，不鼓励学生在非正常办公时间或者单独在实验室进行实验。禁止在非办公时间单独进行需要使用危险化学品的实验。

（2）如确实需要在非办公时间进行实验，需至少2人同时在场，并向实验室负责人报备，获得批准方可进行。

（3）对于实验时间跨度长以致必须过夜的实验，须向实验室负责人报告，并根据实验药品种类、反应量、反应温度、反应压力等实验条件确定合适的人员值守，值守人员必须至少2人；如确定实验比较安全，可无人值守，但须将实验装置周围清理干净，实验室不得放置易燃易爆品，并在门口张贴由实验室负责人签字确认的过夜实验单，列明适用的危险品、危险联系人和联系电话，必要时安排人员定时巡查。

1.4 实验室常见安全标志

（1）警告标志：警告人们可能发生的危险，包括如下标志：

（2）禁止标志：不准或制止人们的某些行动，包括如下标志：

（3）指令标志：必须遵守，包括如下标志：

（4）提醒标志：示意目标的方向，包括如下标志：

1.5 实验室安全管理法律法规

1.5.1 国家法律

实验室安全涉及的国家法律如表1-1所示。

表1-1　实验室安全涉及的国家法律

法律名称	首次实施日期	备注
中华人民共和国安全生产法	2002-11-01	2021年修正
中华人民共和国劳动法	1995-01-01	2018年修正
中华人民共和国职业病防治法	2002-05-01	2018年修正
中华人民共和国环境保护法	1989-12-26	2014年修订
中华人民共和国水污染防治法	1985-11-01	2017年修正
中华人民共和国大气污染防治法	1988-06-01	2018年修正
中华人民共和国环境噪声污染防治法	1997-03-01	2018年修正
中华人民共和国固体废物污染环境防治法	1996-04-01	2020年修订
中华人民共和国放射性污染防治法	2003-10-01	
中华人民共和国特种设备安全法	2014-01-01	
中华人民共和国生物安全法	2021-04-15	

1.5.2 相关法规

实验室安全涉及的各项法规如表1-2所示。

表1-2　实验室安全涉及的法规

法规名称	首次实施日期	备注
危险化学品安全管理条例	2002-03-15	2013年修订
医疗废物管理条例	2003-06-16	2011年修订
病原微生物实验室生物安全管理条例	2004-11-12	2018年修订
易制毒化学品管理条例	2005-11-01	2018年修订
放射性同位素与射线装置安全和防护条例	2005-12-01	2019年修订
放射性废物安全管理条例	2012-03-01	
民用爆炸物品安全管理条例	2006-09-01	2014年修正
使用有毒物品作业场所劳动保护条例	2002-05-12	
特种设备安全监察条例	2003-06-01	2009年修订
实验动物管理条例	1988-11-14	2017年修订

1.5.3　有关部委的规章制度

常见实验室安全涉及的有关部委的规章制度如表1-3所示。

表1-3　常见实验室安全涉及的有关部委的规章制度

有关部委	生态环境部	国家市场监督管理总局	国家卫生健康委员会
相关规章制度	国家危险废物名录	特种设备使用管理规则	药品类易制毒化学品管理办法
	企业事业单位环境信息公开办法	特种设备事故报告和调查处理规定	放射事故管理规定
	废弃危险化学品污染环境防治办法	固定式压力容器安全技术监察规程	医疗卫生机构医疗废物管理办法
	电离辐射防护与辐射源安全基本标准	气瓶安全技术规程	可感染人类的高致病性病原微生物菌（毒）种或样本运输管理规定
	病原微生物实验室生物安全环境管理条例	起重机械使用管理规则	医学实验动物管理实施细则

续表

有关部委	教育部	应急管理部	科技部
相关规章制度	高等学校实验室工作规程	危险化学品目录	基因工程安全管理办法
	高等学校消防安全管理规定	生产经营单位安全培训规定	关于善待实验动物的指导性意见
	学生伤害事故处理办法	作业场所职业危害申报管理办法	实验动物质量管理办法
	关于加强高等学校实验室排污管理的通知	特种作业人员安全技术培训考核管理规定	实验动物许可证管理办法（试行）

有关部委	公安部	交通运输部	农业农村部
相关规章制度	剧毒化学品购买和公路运输许可证件管理办法	道路危险货物运输管理规定	高致病性动物病原微生物实验室生物安全管理审批办法
	易制爆危险化学品治安管理办法		动物病原微生物菌（毒）种保藏管理办法

1.6 实验室个体防护

在大多数人看来，在实验室开展实验是一种科学实验，但同时也是一种存在危险的实验。实验室安全事故频发有其存在的隐患根源，虽然了解实验室个体防护用具及正确使用的方法不能完全根除危害，但可帮助我们构筑最后一道防线，只有正确佩戴使用个体防护用具，才能保障自己的健康安全。

1.6.1 佩戴个体防护用具的重要性

实验室存在着各类的危险：有物理性的，如各种机械卷入点以及锋利部位、热、冷、辐射、噪声等危险；有化学性的，如各类毒性等级不一的化学品、粉尘等危险；有生物性的，如各类致病菌或者病毒等，如果不采取有效的防护，将会导致实验操作者的受伤、中毒，严重者会导致职业病甚至死亡。

1. 个体防护用具是实验室安全防护的有效补充

虽然实验室配备了各类安全防护设施，但在实验操作过程中，操作者仍有可能接触到（触碰到、吸入、食入、经皮肤/眼睛渗入等）各类危险源，继而导致伤害，甚至职业病的发生。个体防护用具此时充当了操作者与危险源之间的最后一道防线，当实验室安全防护装置失效或者不能满足其设定的目的时，就不能将危险源阻挡在身体之外，也就不能起到保护操作者人身安全的作用。

2. 个体防护用具设置和佩戴是国家法律法规要求

国家法律法规（如《中华人民共和国职业病防治法》等）对可能接触到危险源的作业提出了个体防护用具配备和佩戴的要求，要求用人单位根据作业场所所能接触到的职业危害因素，选择并提供合适的个体防护用具，培训并监督作业者使用。作业者应按照要求正确佩戴个体防护用具。对于违反相关法律法规要求的行为，责任方需承担相关法律责任。

1.6.2 个体防护用具选取的原则和考虑因素

个体防护用具选择时应遵循以下原则：
（1）根据工作场所的职业危害因素及其危害特性进行风险分析。
（2）根据国家相关法规标准的要求选择。
（3）根据所接触的化学品安全技术说明书（MSDS）建议选择。
（4）根据工作特性和作业环境等，同时应综合考虑如下因素：
①用具的保护力度；
②不会妨碍工作；
③配合使用环境之特殊要求；
④是否配合其他的防护用具；
⑤一次性和重复使用性（耐用性）；
⑥使用者舒适性与接受性；
⑦体能和训练的需要；
⑧符合国际标准或有关法例认可。

1.6.3 防护用具的种类及使用

常见的防护用具包括：头部防护用具、眼部防护用具、听力防护用具、呼吸防护用具、手部防护用具、身体防护用具、足部防护用具、坠落防护设施等。

1. 头部防护用具

当在有可能发生高处坠物或者作业者进入容易碰头的场所作业时，需要佩戴头部防护用具，如安全帽等。使用前应检查安全帽有效期，外壳是否有破损、裂痕或凹痕等，帽带、内衬等附件是否完好。

2. 眼部防护用具

图1-1 各类眼部防护用具

各类眼部防护用具如图1-1所示，佩戴眼部防护用具，可预防以下伤害：

①机械性伤害，比如硬物（如尖锐物体、金属碎片、沙石和玻璃碎片等）飞入。

②液体溅泼伤害。

③辐射强光伤害，例如眩光气焊和电焊产生的强光与紫外线，熔炉产生的红外线眩光，实验用激光，杀菌、消毒用紫外线等的伤害。

3. 听力防护用具

根据工作场所职业危害因素接触限值的要求，加权值超过85分贝的作业场所应配备听力防护用具。常用的听力防护用具一般分为耳塞和耳罩两种，工作人员应根据使用场所和减噪能力的不同选择不同类型的听力防护用具。

（1）耳塞：分为可丢弃式和可重复使用的两种，形式上有子弹头形、圣诞树形等多种款式。

关于耳塞的佩戴方式，可分为如图1-2所示的三个步骤。

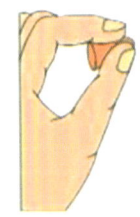 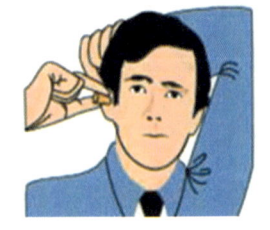 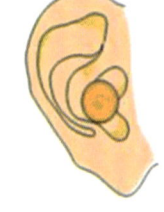

（a）揉细耳塞　　　（b）将耳道向后上方拉直，并将　　（c）维持柔细的耳塞至膨胀封闭耳道
　　　　　　　　　　　　　耳塞塞入外耳道

图1-2 耳塞的佩戴方法

（2）耳罩：耳罩是压在耳廓周围并包围耳廓，具有降低噪声伤害能力的一种听力防护用具。相比耳塞而言，它具有更高的防护等级，降噪率更好。耳罩可单独使用，也可以与耳塞结合使用。

4. 呼吸防护用具

呼吸防护用具是防御缺氧空气和空气污染物进入呼吸道的装备，其主要作用是防止操作者过量吸入有害物质，如烟雾、粉尘、有害气体、纤维等。呼吸防护用具选择需考虑的因素有：污染物的类别、污染物的浓度、暴露极限、舒适性、使用者的健康要求、使用周期等。

个人呼吸防护是实验室所有师生健康的重要屏障，但是在实际实验操作过程中，仍然有部分师生的呼吸安全防护还存在种种错误或不当的地方，特进行如表1-4所示的提示。

表1-4　实验室呼吸防护提示

防护方式	图片	化学品防护	颗粒物防护（粉尘、烟雾等）	飞沫、毛发散落
一次性医用口罩		×	×	部分
一次性"活性炭"口罩		×	×	部分
颗粒物防护口罩		×	过滤效率90%，95%	√
有机蒸气异味及颗粒物防护口罩		有机异味	过滤效率90%，95%	√
防毒面具		√ 合理选择滤盒	√ 附加滤棉	√
防毒面具使用、保存注意事项（专人专用，勿转借、勿传用）				
	使用期限	开封前标注使用日期，建议最长使用期不要超过3个月（滤盒更换时间以现场工况为准，详情请咨询供应商）		
	保存方式	密封袋保存，切勿"裸放"		
	滤盒选择	滤盒千万个，选对第一条 佩戴不规范，亲人泪两行		

呼吸防护用具一般分为空气过滤式（包括防护口罩，半面罩、全面罩呼吸防护器，电动送风式呼吸防护器）和供气式（包括连续供气型和自负式）两种类型。下面介绍较为常用的呼吸防护用具的使用方法。

（1）防护口罩的佩戴方法，如图1-3所示。

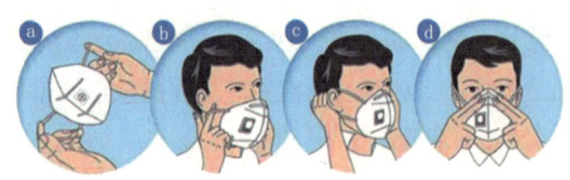

图1-3　防护口罩的佩戴方法

a.面向口罩无鼻夹的一面，两手各拉住一边耳带，使鼻夹位于口罩上方。

b.用口罩抵住下巴。

c.将耳带拉至耳后，调整耳带至感觉尽可能舒适。

d.将双手手指置于金属鼻夹中部，一边向内按压，一边顺着鼻夹向两侧移动指尖，直至将鼻夹完全按压成鼻梁形状为止。注意：仅用单手捏口罩鼻夹可能会影响口罩的密合性。

（2）半面罩呼吸防护器：覆盖鼻子和嘴部的面罩，用橡皮或者塑料制成，带有一个或更多的可拆卸的过滤盒，下面以防毒面具为例介绍其佩戴方法。

①正确佩戴防毒面具的方法如图1-4所示：

a.解开头带底部搭扣，将面具盖住口鼻。

b.拉起上端头带，使头箍舒适地置于头顶位置。

c.双手在颈后将头带底部搭扣扣好。

d.调整头带松紧，使面具与脸部密合良好：先调整颈后头带，如果头带拉得过紧，可用手指向外推塑料片，将头带放松。

②对防毒面具进行密闭性检查的方法：

a.正压密闭性检测：将手掌盖住呼吸阀并向外慢慢呼气，面具应向外轻轻膨胀。如果气体从面部及面具间泄漏，应重新调整面具位置并调节头带的松紧度，以达到密合良好，如图1-5所示。

b.负压密闭性检测：用手掌抵住滤盒或滤棉中心部位并轻轻吸气，面具应轻微地塌陷，并向脸部靠拢。如果感觉气体从面部和面具间漏进，应重新调整面具位置并调节头带的松紧度，以达到密合良好，如图1-6所示。

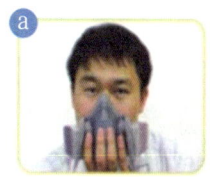 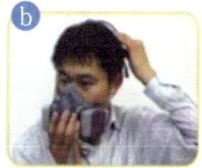 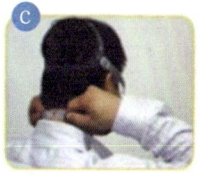 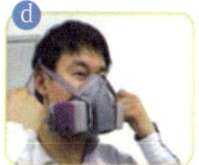

图1-4 防毒面具佩戴方法

图1-5 防毒面具的正压密闭性检测（呼气）　　图1-6 防毒面具的负压密闭性检测（吸气）

5. 手部防护用具

选择防护手套时应根据工作的需要和不同类型手套具有的不同的防护功效进行选择。注意：没有一种类型的手套适合所有的工作。

防护手套根据防护目的可分为不同类型，如一般工作手套（如棉纱手套），防静电、绝缘、防化学品、防酸碱、防割、防烫等手套。实验室常用手套包括丁腈手套、乳胶手套、棉纱手套、防割手套、隔热手套（图1-7）。

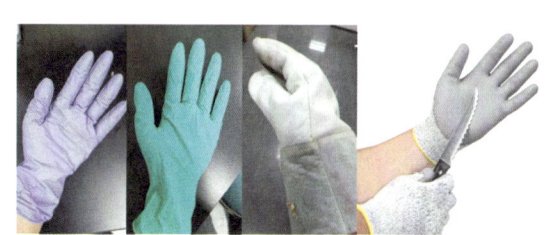 

图1-7 实验室各类常用手套

选择防护手套时应考虑的因素包括：接触化学品的类型、化学品的浓度、工作（接触）的时间、使用频率、灵活性、产品保护、使用者是否对橡胶过敏等。

6. 身体防护用具

身体防护用具的分类与作用如下：

①实验服：有效阻挡化学药剂直接接触到皮肤（图1-8a、1-8b）；

②阻燃服：操作发火物质时穿戴（图1-8c、1-8d）；

③其他防护服：防渗围裙、特卫强防护服、化学防护服（CPC）（图1-8e）等。

7. 足部防护用具

足部防护主要是保护穿用者的小腿及脚部免受物理、化学和生物等外界因素

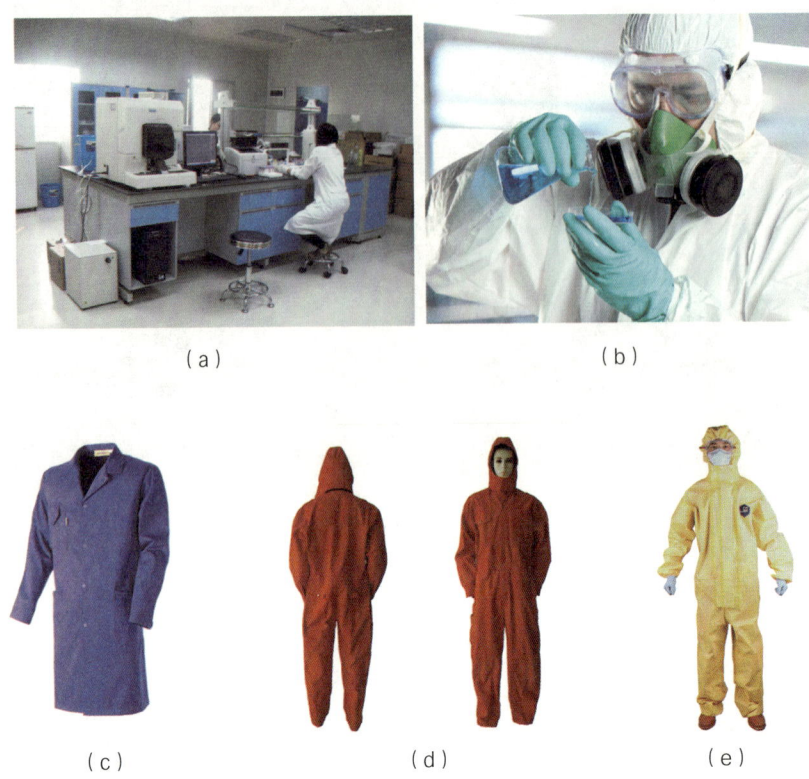

图1-8　各类用途的防护服

的伤害。实验室等作业场所可能遇到的足部危害的种类有：被落下的重物砸伤、接触化学品、被过热的物体表面烫伤、被尖锐物品扎伤、电击等。

根据所防护的危险因素，足部防护用具又可分为：防化学品鞋、耐酸碱鞋（靴）、耐油鞋（靴）、防水胶靴、防砸鞋（靴）、安全鞋、防刺穿鞋、防静电鞋、绝缘鞋（靴）、防护鞋（靴）等类型。实际应用中，很多产品都将多种功能集中起来，达到多种用途的目的。

8. 坠落防护设施

坠落防护设施是防止高处作业者（距离坠落平面2米以上）坠落或高处落物伤害的用品。按照防护目的不同，坠落防护设施可分为安全带、安全网（分为平网和立网）两种。

第 2 章

常见火灾隐患与处置

实验室是高校消防安全重点防范单位。一般来讲，实验室火灾事故主要是因为实验室人员消防安全意识淡薄、违规操作及缺乏消防安全常识等而导致。因此，应谨记"预防为主，防消结合"的消防安全工作方针，掌握基本防火常识和技能，预防火灾事故的发生。

2.1 实验室火灾发生的常见隐患

（1）电插板乱接串接、直接置于地面；配电不合理、电气设备超负荷运转，造成电路故障起火；电气线路老化造成短路等。

（2）实验期间无人值守，或实验人员缺乏消防技能，发生事故时不能及时处理。

（3）实验室管理不到位，导致发生违反安全防火制度的现象。例如，违反规定在实验室吸烟并乱扔烟头；不按防火要求使用明火，引燃周围易燃物品。

（4）易燃易爆化学品储存或使用不当。

（5）违反操作规程，忽视安全注意事项，或实验操作不当引燃化学反应，生成易燃、易爆气体或液态物质。

（6）仪器设备老化，或者未按要求使用。

（7）实验室未配备相应的灭火器材，或者灭火器材缺乏维护造成失效。

2.2 实验室火灾预防

2.2.1 火灾预防——用电安全

①电源、插座功率等需与仪器设备的功率匹配；

②接线板不要串接、不要直接放在地面上，不乱拉乱接电线；

③电源插座或开关必须固定；
④不得使用花线、木质配电或接线板、老化的电线；
⑤多个大功率仪器不要共用一个接线板。

2.2.2 火灾预防——谨记常见有机液体的易燃性

常见有机液体的闪点如表2-1所示。

表2-1 常见有机液体的闪点

液体名称	闪点/℃	液体名称	闪点/℃
乙醚	-45	乙腈	6
四氢呋喃	-14	甲醇	12
二甲基硫醚	-38	乙酰丙酮	34
二硫化碳	-30	乙醇	13
乙醛	-38	异丙苯	44
丙烯醛	-25	苯胺	70
丙酮	-18	正丁醇	29
辛烷	13	异丁醇	24
苯	-11	叔丁醇	11
乙酸乙酯	-4	氯苯	29
甲苯	4	1,4-二氧六环	12
环己烷	-20	石脑油	42
二戊烯	46	樟脑油	47
醋酸戊酯	21	车用汽油	-38
航空汽油	-49	柴油	66
煤油	40		

二硫化碳、乙醚、石油醚、苯和丙酮等的闪点都比较低，即使存放在普通冰箱内（冰室最低温度-18℃，无电火花消除器），也能形成可以着火的气氛，故这类液体不得存放于普通冰箱内。

另外，闪点低液体的蒸气只需接触红热物体的表面便会着火。其中，二硫化碳尤其危险，即使与暖气散热器或者热灯泡接触，其蒸气也会着火，应特别小心。

2.2.3 火灾预防——实验室管理

（1）实验人员要严格执行"实验室十不准"：①不准吸烟；②不准乱放杂物；③不准实验时人员脱岗；④不准堵塞安全通道；⑤不准违章使用电热器；⑥不准违章私拉、乱拉接线；⑦不准违反操作规程；⑧不准将消防器材挪作他用；⑨不准违规存放易燃药品、物品；⑩不准做饭、住宿。

（2）实验人员要清楚所用物质的危险特性和实验过程中的危险性。

（3）实验室疏散门、疏散通道要保持通畅。

（4）实验室内特殊的电器、高温与高压等危险设备必须有相应的防护措施，应严格按照设备的使用说明及注意事项使用。

（5）实验人员须熟知"四懂四会"，即懂本岗位火灾危险性、懂预防措施、懂扑救方法、懂逃生方法；会报警、会使用灭火器材、会扑救初期火灾、会逃生。

（6）实验人员在实验过程中不得脱岗。要随时检查实验仪器设备、电路、水、气及管道等设施有无损害和异常现象，并做好安全检查记录。

（7）实验时必须配有防火、防爆、防盗、防破坏的基本设施。

（8）实验室使用剧毒物品要严格执行"五双"管理制度，并存放在保险柜内。

（9）实验人员使用药品时，应确实了解药品的物性、化性、毒性及正确使用方法，危险化学品应分类存放，严禁将化学性质相抵触的药品混装、混放。实验剩余的药品必须按规定处置，严禁随意乱放、丢入垃圾桶内或倒入下水道。要针对实验过程中可能发生的危险，制定安全操作规程，采取适当的防护措施，必要时应参考"物料安全性数据表"进行操作。

（10）严禁摆弄与实验无关的设备和药品，特别是电热设备。

（11）冰箱内不得存放易燃液体，普通烘干箱不准加温加热易燃液体。

（12）严禁闲杂人员特别是儿童进入实验室，防止因外人的违章行为导致火灾。

（13）实验结束后，应对各种实验器具、设备和物品进行整理归位，并进行全面仔细的安全检查，清除易燃物，关闭电源、水源、气源，确认安全后方可离开。

2.3 防火器材

各类常见防火器材的使用方法如表2-2所示。当实验室不慎失火时,切莫惊慌失措,应沉着冷静处理。只要掌握了必要的消防知识,根据现场的情况,选择合适的灭火器材,一般可以迅速灭火。

表2-2 常见防火器材及使用方法

灭火器种类	使用原理	适用范围	使用方法
干粉灭火器	利用二氧化碳或者氮气作为动力,将干粉灭火剂喷出灭火	(1)碳酸氢钠干粉灭火器适用于易燃、可燃液体、气体及电气设备的起初灭火; (2)磷酸铵盐干粉灭火器除可用于上述情况外,还可扑救固体类物质的起初火灾	使用前将灭火器上下颠倒几次,使筒内干粉松动,然后将喷嘴对准燃烧最猛烈处,拔去保险销,压下压把
二氧化碳灭火器	利用二氧化碳不能燃烧,也不能支持燃烧的性质	适用于扑救精密仪器、600伏以下电气设备、图书资料、易燃液体和气体等的初起火灾。不能用于扑灭金属火灾,也不能扑灭由含有氧化基团的化学物质引起的火灾	拔出灭火器的保险销,把喇叭筒往上扳70~90°角。一手托住灭火器筒底部,另一只手握住启动阀的压把。对准目标,压下压把
沙箱	隔绝空气,降低油面温度	干沙对扑灭金属起火、地面流淌火特别安全有效	将干燥沙子储存于容器中备用,灭火时,将沙子撒于着火处
灭火毯	隔离热源及火焰	由玻璃纤维等材料经过特殊处理和编制而成的织物,能起到隔离热源及火焰的作用,盖在燃烧的物品上使燃烧无法得到氧气而熄灭	双手拉住灭火毯包装外的两条手带,向下拉出灭火毯。将灭火毯完全抖开,平直在胸前位置或将灭火毯覆盖在火源上,同时切断电源或气源,直至火源冷却

续表

灭火器种类	使用原理	适用范围	使用方法
消火栓	射出充实水柱，扑灭火灾	主要供消防车从市政给水管网或者室外消防给水管网取水实施灭火，也可以直接连接水带、水枪出水灭火	打开消火栓门，取出水带连接水枪，甩开水带，水带一头插入消火栓接口，另一头接好水枪，摁下水泵，打开阀门，握紧水枪，将水枪对准着火部位出水灭火

2.4 火灾处理

2.4.1 火灾处理原则及程序

1. 火灾处理原则

（1）初期火灾，应组织人员使用正确方法扑救，遵循"先控制、后扑灭，救人先于救火，先重点后一般"的原则。

（2）火势蔓延失控时，应迅速撤离，并通知其他人有序撤离。

（3）当消防队抵达时，提供具体情况，确切的危险信息对于救援队至关重要。

2. 火灾处理程序

（1）击碎火警警报玻璃，启动警报，或口头通知起火建筑里的人，疏散人群。

（2）确保安全时使用灭火器灭火，关闭窗户、门隔离区域，关闭起火区域的电源和设备。

（3）不可冒险；如不能控制，立即离开现场。

2.4.2 火灾处理注意事项

1. 沉着冷静

发生起火，切忌惊慌，不知所措。要沉着冷静，根据防火课和灭火演练学到的消防知识，组织在场人员利用灭火器具，在火灾的初起阶段将其扑灭。如果火情发展较快，要迅速撤离现场。

2. 争分夺秒

使用灭火器进行扑救火灾时可按灭火器的数量，组织人员同时使用，迅速把火扑灭。避免只由一个人使用灭火器的错误方法。要争分夺秒，尽快将火扑灭，防止火情蔓延，延误灭火时机。

3. 兼顾疏散

发生火灾，现场力较强人员组成灭火组负责灭火，其余人员要在老师的带领下或自行组织疏散逃生。疏散过程要有序，防止发生踩踏等意外事故。

4. 及时报警

发生火灾要及时扑救，同时应立即报告火警，这对于迅速扑救火灾、减轻火灾危害、减少火灾损失具有非常重要的作用，即"报警早、损失小"。

5. 生命至上

在灭火过程中，要本着"救人先于救火"的原则，如果有火势围困人员，首先要想办法把受困人员抢救出来；如果火情危险难以控制，灭火人员要确保自身安全，迅速逃生。

6. 断电断气

电气线路、设备发生火灾，首先要切断电源，然后再考虑扑救。如果发现可燃气体泄漏，不得触动电器开关，不能用打火机或火柴等明火，也不要在室内打电话报警，避免产生着火源。要迅速关闭气源，打开窗门，降低可燃气体浓度，防止爆燃。

7. 慎开门窗

救火时不要贸然打开门窗，以免空气对流加速火势蔓延。如果室内着火，打开门窗会加速火势蔓延；如果室外着火，烟火会通过门窗涌入，容易使人中毒、窒息死亡。

2.4.3 火灾报警

（1）拨打"119"电话时不要慌张以防打错电话，延误时间。

（2）讲清火灾情况，包括起火单位名称、地址、起火部位、什么物资着火、有无人员围困、有无有毒或爆炸危险物品等。消防队可以根据火灾的类型，调配居高车、云梯车或防化车。

（3）要注意指挥中心的提问，并讲清自己的电话号码，以便联系。

（4）电话报警后，要立即在着火点路口附近等候，引导消防车到达火灾现场。

（5）迅速疏通消防车道，清除障碍物，使消防车到达火场后能立即进入最佳位置灭火救援。

（6）如果着火区域发生了新的变化，要及时报告，使消防车队能及时改变灭火战术，取得最佳效果。

2.4.4 实验室常见火灾扑救方法

1. 煤气泄漏处理办法

煤气泄漏处理程序如图2-1所示。如发生煤气泄漏，应禁止任何可能产生火花的行为，同时采取以下措施：

（1）在浓度不高的情况下，迅速关闭燃气总开关或者阀门，阻止气体泄漏；

（2）打开门窗，流通空气，使泄漏的燃气浓度降低，防止发生爆炸；

（3）如果液化石油气漏气，在可能情况下，应找专业人员或者煤气公司来处理；

（4）迅速疏散附近人员，防止爆炸事故造成人员伤亡。

图2-1 煤气泄漏应急处置程序

2. 电器着火处理办法

（1）要先切断电源，再用灭火器灭火；

（2）无法断电的情况下，禁止用水等导电液体灭火，应用沙子或二氧化碳灭火器、干粉灭火器灭火。

3. 人身上着火处理办法

（1）切勿奔跑，最好脱下着火的衣服，俯伏及滚动身体灭火。

（2）旁人应以厚重衣物或被子覆盖着火部位，拍打熄灭火焰，或用灭火器灭火。

4. 实验室常见火灾扑救方法

（1）一旦失火，首先采取措施防止火势蔓延：立即熄灭附近所有火源，切断电源，移开易燃易爆物品，并视火势大小，采取不同的扑救方法。

（2）对在容器中（如烧杯、烧瓶、热水漏斗等）发生的局部小火，可用石棉网、表面皿或者沙子等盖灭。

（3）有机溶剂在桌面或者地面上蔓延燃烧时，不得用水冲，可撒上干燥细沙或用灭火毯灭火。

（4）对钠、钾等金属着火，通常用干燥的细沙覆盖。严禁用水灭火，否则会导致猛烈的爆炸，也不能用二氧化碳灭火器。

（5）在反应过程中，若因冲料、渗漏、油浴着火等引起反应体系着火时，情况比较危险，处理不当会加重火势。扑救时必须谨防冷水溅在着火处的玻璃仪器上，以及灭火器材击破玻璃仪器，从而造成严重的泄漏而扩大火势。有效的扑灭方法是用几层灭火毯包住着火部位，隔绝空气使其熄灭，必要时在灭火毯上撒些细沙。若仍不奏效，必须使用灭火器，由火场的周围逐渐向中心处扑灭。

2.5 火灾逃生与自救

除了火灾产生的高温、有毒烟气威胁着火场人员的生命安全，火灾的突发性、火情的瞬息变化也会严重考验火场人员的心理承受能力，影响他们的行为。被烟火围困人员往往会在缺乏心理准备的状态下，被迫瞬间作出相应的反应，一念之间决定生死。火场上的不良心理状态会影响人的判断和决定，可能导致错误的行为，造成严重后果；只有具备良好的心理素质，准确判断火场情况，采取有效的逃生方法，才能绝处逢生。

（1）平时注意熟悉实验室的逃生路径、消防设施及自救的方法，积极参与应急逃生演练。

（2）火灾发生时，应保持冷静、明辨方向、迅速撤离，千万不要相互拥挤、横冲乱撞。应尽量往楼层下面跑；若通道已被烟火封阻，则应背向烟火方向离开，通过阳台、气窗、天台等往室外逃生。

（3）为了防止火场浓烟呛入，可采用湿毛巾、口罩蒙鼻，匍匐撤离。浓烟中还可以戴充满空气的塑料袋逃生。

（4）严禁通过电梯逃生。若楼梯已被烧断、通道被堵死，可通过屋顶天台、阳台、落水管等逃生，或在固定的物体上拴绳子，然后手拉绳子缓缓而下。

（5）如果无法撤离，应退居室内，关闭通往火区的门窗，还可向门窗上浇水，用湿布条塞住门缝，并向窗外伸出衣物、抛出物件，发出求救信号或者以呼喊、打手电筒的方式发送求救信号，等待救援。

（6）如果身上着火，千万不可奔跑或者拍打，应迅速撕脱衣物，或通过泼水、就地打滚、覆盖厚重衣物等方式压灭火苗。

（7）生命第一，不要贪恋财物，切勿轻易重返火场。

第3章

仪器设备的安全使用与管理

高校实验室常用的仪器设备有玻璃仪器、高压设备、高温与低温设备、高能设备、机械加工设备以及一些分析测试仪器等（表3-1）。这些装置都有一定的危险性，如果操作失误，可能会引起较大的安全事故，所以在使用这些仪器设备时必须做好充分的预防措施并且谨慎地按照操作规程操作。

表3-1　实验室常用仪器设备及引发的事故种类

装置类型	事故种类	装置示例
玻璃器具	割伤、烫伤	烧瓶、玻璃棒
高压装置	由气体、液体的压力所造成的伤害，继而发生火灾、爆炸等事故	高压钢瓶、高压反应釜
高温装置	烧伤、烫伤	高温炉、烘箱
低温装置	冻伤	冷冻机
高能装置	触电、辐射	激光器、微波设备
高速装置	绞伤	离心机
机械装置	绞伤	机床、车床
大型仪器设备	损坏、火灾、爆炸	气相色谱仪、核磁共振仪

使用实验室仪器设备的一般注意事项如下：

（1）建立设备台账，详细做好使用记录。

（2）电路容量必须与设备匹配，注意接地要求。

（3）做好危险性设备的安全警示标志，操作时不离人。

（4）需按照仪器设备操作规程和使用说明使用。

（5）使用的能量越高，其装置的危险性就越大。

（6）使用高温高压及高速装置时，必须做好充分的防护措施，谨慎进行操作。

（7）使用前要认真地进行准备，逐个核对装置的各个部分的功能和操作要领，在掌握其基本操作后，才能进行操作；装置使用后要收拾妥当。

（8）如果有发现不妥当的地方，必须马上进行检查和修理，或者把情况报告给管理者。

（9）及时做好废旧、破损仪器的报废工作（对含放射源的设备报废时，应告知实验室管理员，需特殊处置）。

本章介绍冰箱的管理、加热设备的管理、高速离心机的管理、机械加工设备的管理、通风橱和特种设备的管理6个方面。主要从以下5个要素提出了安全管理要求：①加强仪器设备的日常管理；②建立设备台账，明晰操作规程；③加强用电安全管理，防止过载；④做好强电设施防护；⑤机械设备由于动能大，转速高，必须做好安全教育与安全防护。

3.1 冰箱的管理

储存化学试剂应使用防爆冰箱（至少用电子温控有霜型冰箱，须拆除照明灯），防爆冰箱如图3-1所示。实验室冰箱的管理应注意如下事项：

（1）实验室原则上不得超期使用冰箱（一般规定10年）；

（2）机械温控有霜型冰箱未经防爆改造不得储存化学试剂；

（3）机械温控无霜型冰箱不能改造，也不准储存化学试剂；

（4）普通冰箱不得存放易挥发有机溶剂；

（5）实验室冰箱内不得存放食物；

（6）储存的物品应标识明确（品名、生产时间等），并按照要求张贴液体溶剂标签；

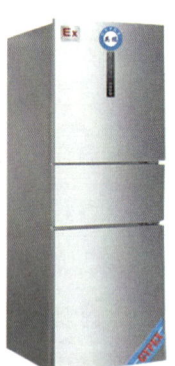

图3-1 防爆冰箱

（7）冰箱应经常性进行清理（特别是学生毕业离校时）；

（8）不得在冰箱附近、上面堆放影响散热的杂物。

3.2 加热设备的管理

加热设备包括：明火电炉、电阻炉、恒温箱、干燥箱、水浴锅、电热枪、电吹风等。

（1）使用加热设备必须采取必要的防护措施，严格按照操作规程进行操作。

使用时人员不得离岗；使用完毕，必须关掉电源。

（2）加热产热仪器设备需放置在阻燃稳固的实验台或者地面上进行操作，不得在其周围堆放易燃易爆物或者杂物。

（3）禁止用电热设备烘烤溶剂、油品、塑料筐等易燃、可挥发物。若加热时会产生有毒有害气体，应在通风橱内进行。

（4）应在断电的情况下，采取安全的方式取放被加热物品。

（5）使用管式电阻炉时，应确保导线与加热棒接触良好；含有水分的气体需要经过干燥后，方能进入炉内。

（6）使用恒温水浴锅时，应避免干烧，注意不要将水溅到电器盒里。

（7）使用电热枪时，不可对着人身体的任何部位。

（8）使用电吹风和电热枪后，需进行自然冷却，不得阻塞或者覆盖出风口或者入风口。

3.3 高速离心机的管理

目前实验室常用的离心机是电动离心机（图3-2）。电动离心机转动速度快，要注意安全，特别要防止在离心机转动期间因不平衡或吸垫老化，而使离心机边工作边移动，以致从实验台上掉下来，或因盖子未盖，离心管因振动而破裂后，玻璃碎片旋转飞出，造成事故。因此使用离心机时，必须注意以下操作：

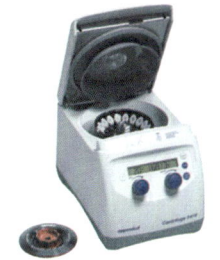

图3-2 电动离心机

（1）离心机套管底部要垫棉花；

（2）电动离心机如有噪声或机身振动时，应立即切断电源，及时排除障碍；

（3）离心管必须对称放入套管中，防止机身振动，若只有一支样品管，另外一支要用等质量的水替代；

（4）启动离心机时，应盖上离心机顶盖后，方可慢慢启动；

（5）分离结束后，先关闭离心机，待离心机停止转动后，方可打开离心机盖，再取出样品，不可用外力强制其停止运动；

（6）离心时间一般1～2 min，在此期间，实验者不准离开。

3.4 机械加工设备的管理

机械加工设备在运行过程中,易造成切割、被夹、被卷等意外事故。因此在使用机械加工设备时应注意以下事项:

(1)对于冲剪机械、刨床、圆盘锯、堆高机、研磨机、高压机等机械设备,应有护罩、套筒等安全防护设备。

(2)对车床、滚齿机械等高度超过作业人员身高的机械,应设置适当高度的工作台。

(3)佩戴必要的防护器具(工作服和工作手套),束缚好宽松的衣服和头发,不得佩戴长项链、穿拖鞋,必须严格按照操作规程进行操作。

3.5 通风橱的管理

通风橱是一种局部通风设施,广泛应用于高校教学与科研实验室,特别是涉及化学、生物、医学等危险类别的湿法实验室(wet lab),通风橱的管理和安全使用有其专门的要求和注意事项,具体如图3-3所示。

(1)通风橱内不能长期存放化学品。

(2)使用前检查通风橱内的抽风系统和其他功能是否正常运转。

(3)应在距离通风橱至少15 cm处进行操作;操作时应尽量减少在通风橱以及调节门前进行大幅度动作,减少实验室人员流动。

(4)切勿储存会伸出橱外影响玻璃视窗开合或者妨碍导流板下方开口处的物品或设备。

(5)切勿用物件阻挡通风橱口和橱内后方的排气槽,确需要在橱内储放必要物品时,应将其垫高至左右侧边上,同通风柜台面隔空,以使气流能从其下方通过,且远离污染产生源。

(6)切勿把纸张或者较轻的物件塞于排气出口处。

(7)进行实验时,人员切勿将头部及上半身伸进通风橱内;操作人员应将玻璃视窗调节至手肘处,使胸部以上受到玻璃视窗屏护。

(8)人员不操作时,应确保玻璃视窗处于关闭状态。

(9)若发现故障,切勿进行实验,应立即关闭柜门并联系维修人员检修。定

第 3 章 仪器设备的安全使用与管理

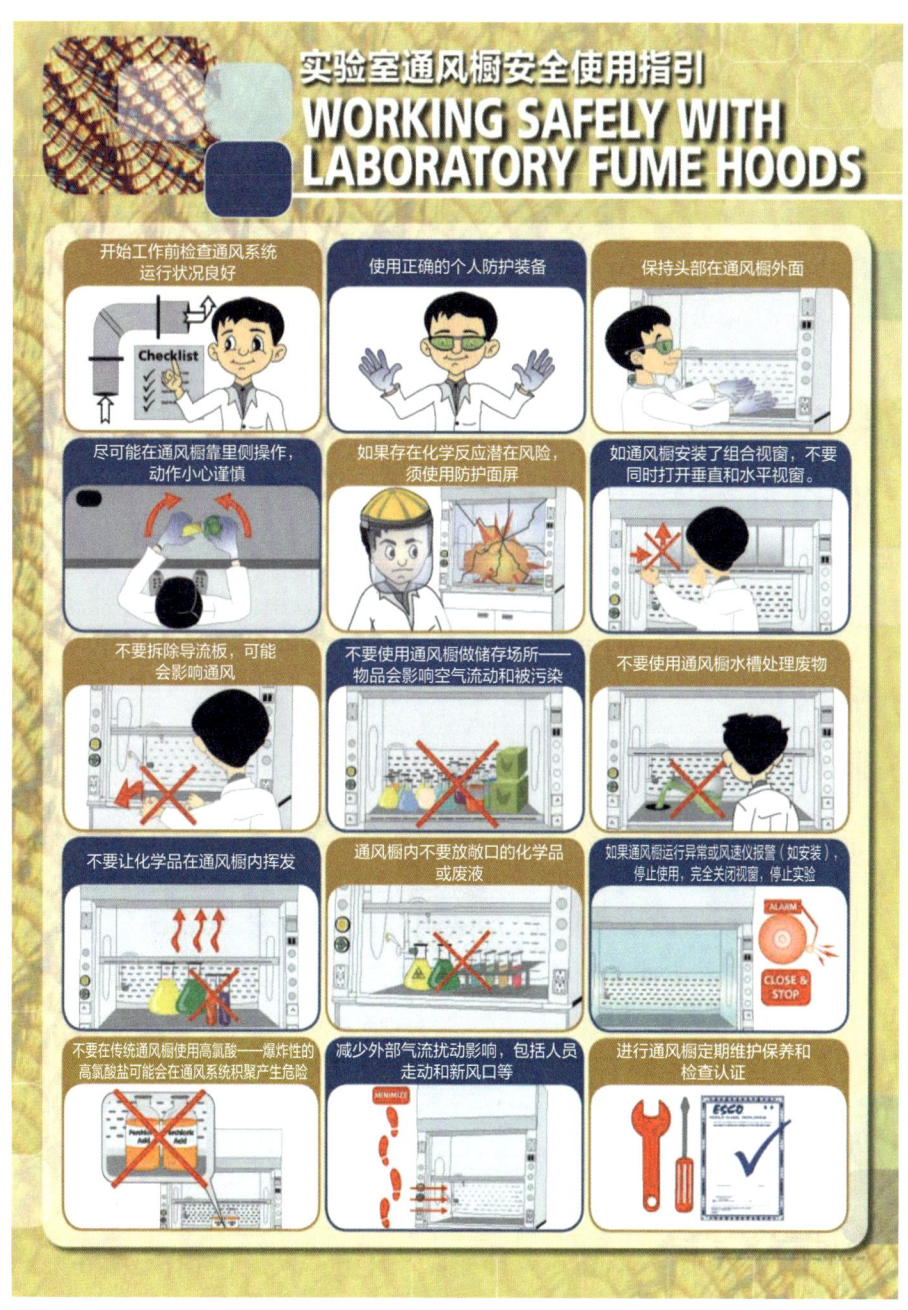

图3-3 实验室通风橱安全使用指引

期检查通风橱的抽风能力,保持其通风效果。

(10)每次使用完毕,必须彻底清理工作台及仪器,对于被污染的通风橱应张贴明显的警示牌，并告知其他人员，以免造成不必要的伤害。

3.6 特种设备的管理

特种设备广泛地应用于学校教学科研的各个领域中，涉及生命安全、危险性较大的锅炉、压力容器（含气瓶）、压力管道、电梯、起重机械、场内机动车辆等，都是学校和实验室内常用设备。随着特种设备数量的增加和应用范围的扩大，随之而来的安全问题也越来越突出。

3.6.1 压力设备

压力设备的用途非常广泛，它在石油化学工业、能源工业、科研和军工等国民经济的各个部门都起着重要的作用。实验室用到的压力容器主要有高压灭菌锅（图3-4a）、高压反应釜（图3-4b）、反应罐、反应器和压力储罐（图3-4c）等。

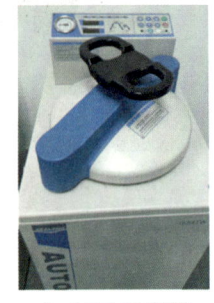
（a）高压灭菌锅

（b）高压反应釜

（c）压力储罐

图3-4　实验室常见高压装置

3.6.1.1 压力设备的界定条件

（1）盛装气体或者液体，承载一定压力的密闭设备，其范围规定为最高工作压力大于或者等于0.1 MPa（表压）的气体、液化气体和最高工作温度高于或者等于标准沸点的液体、容积大于或者等于30 L且内径（非圆形的指截面内边界最大几何尺寸）大于或者等于150 mm的固定式容器和移动式容器。

（2）盛装公称工作压力大于或者等于0.2 MPa（表压），且压力与容积的乘积大于或者等于1.0 MPa·L的气体、液化气体和标准沸点等于或者低于60 ℃液体的气瓶。

（3）氧舱。

3.6.1.2　压力装置使用与校验

1. 压力容器的使用要求

正确合理地使用压力容器，才能保证其安全运行。即使是容器的设计完全符合要求，制造、安装质量优良，如果操作不当，同样会造成事故。使用压力容器要注意以下事项：

（1）压力容器在取得质量技术监督部门统一颁发的"使用登记证"后方能启用，操作人员在取得"压力容器操作人员证"后，方可上岗工作。操作人员一定要熟悉本岗位的工艺流程、容器的结构与类别、主要技术参数和技术技能，严格按照操作规程操作。掌握一般事故的处理方法，认真填写有关记录。

（2）压力容器严禁超温、超压运行。压力容器的使用压力不能超过压力容器的最高工作压力，以保证压力容器的正常运行。实行压力容器安全操作挂牌制度或采用机械连锁机制防止误操作。检查减压阀失灵与否。装料时避免过急过量，液化气体严禁超量装载，并防止意外受热等。

（3）压力容器要平稳操作。压力容器开始加载时，速度不宜过快，要防止压力突然上升。高温容器或工作温度低于0 ℃的容器，加热或者冷却都应缓慢进行。尽量避免操作中压力的频繁和大幅度波动。

（4）严禁带压拆卸压紧螺栓。压力容器内部有压力时，不得进行任何修理。对压力容器的受压部件进行重大修理和改造，应符合《压力容器安全技术监察规程》和有关标准的要求，并将修理和改造方案报质量技术监督部门审查通过后，方可施工。

（5）经常检查安全附件运行情况。检查安全阀、压力表是否有效，有无按规定送检验：安全阀每年至少校验一次，压力表每半年校验一次。新安全阀在安装之前，应根据压力容器的使用情况，送校验后，才可使用。必须保证安全报警装置灵敏可靠。

2. 压力容器的检验

压力容器的检验亦称压力容器运行中的检查，检查的主要内容有：压力容器外表面有无裂纹、变形、泄漏、局部过热等不正常现象；安全附件是否齐全、灵敏、可靠，紧固螺栓是否完好、全部旋紧以及防腐层有无损坏等异常现象。

压力容器除日常定点检查外，还应进行定期检验，以便及时发现缺陷并采取相应措施防止重大事故发生。定期检验分为外部检查和内外部检验及耐压试验。

压力容器的定期检验应由专业人员完成。

3.6.2 起重机械

1. 起重机械的界定条件

起重机械是指用于垂直升降或者垂直升降并水平移动重物的机电设备，其范围规定为：

（1）额定起重量大于或者等于0.5 t的升降机；

（2）额定起重量大于或者等于3 t（或额定起重力矩大于或者等于40 t·m的塔式起重机，或生产率大于或者等于300 t/h的装卸桥），且提升高度大于或者等于2 m的起重机；

（3）层数大于或者等于2层的机械式停车设备。

2. 起重机械安全隐患及注意事项

起重机械存在的隐患包括：起重设备超期服役、长期失修；起重设备的支架受力角度不对；连接件未固定牢，或者强度不够；超过起重重量。因此，在使用过程中应该注意以下事项：

（1）起重机械设备须定期检查，确保其安全有效；

（2）起重机械从业人员须经过监管单位的培训，持证上岗，严格按照操作规程进行操作；

（3）在使用各种起重机械前，须认真检查；

（4）起重机械不得吊起超过额定重量的物体；

（5）无论在任何情况下，起重机械操控范围内都严禁站人。

3.6.3 气瓶

气瓶属于移动式压力容器，但在充装和使用方面有其特殊性，所以在安全方面还有一些特殊的规定和要求，具体要求参照国家相关法律法规进行。

3.6.3.1 气瓶分类

气瓶按工艺设计可分为无缝气瓶、焊接气瓶、缩颈瓶等；按气瓶材质可分为钢瓶、铝瓶、合成材料瓶等；按充装气体的物理性质可分为压缩气体气瓶、液化气体（高压液化气体、低压液化气体）气瓶等；按充装气体的化学性质分为惰性气体气瓶、助燃性气体气瓶、易燃性气体气瓶、毒害性和窒息性气体气瓶等。气瓶按充装介质分类及常见充装气体如表3-2所示。

表3-2　气瓶按充装介质分类及常见充装气体

分类	存放气体
压缩气体气瓶	空气、氧气、氢气、氮气、氩气、氦气、氖气、甲烷、煤气、三氟化硼、四氟甲烷
高压液化气体气瓶	二氧化碳、乙烷、乙烯、氧化亚氮、氯化氢、三氟氯甲烷、六氟化硫、氟乙烯、偏二氟乙烯、六氟乙烷
低压液化气体气瓶	溴化氢、硫化氢、氨、丙烷、丙烯、甲醚、四氧化二氮、正丁烷、异丁烷、光气、溴甲烷、甲胺、乙胺
易燃性气体气瓶	氢气、甲烷、液化石油气等
惰性气体气瓶	氩气、氦气、氖气、氪气、氙气等
助燃性气体气瓶	氧气、压缩空气等
毒害性气体气瓶	氰化氢、二氧化硫、氯气
窒息性气体气瓶	二氧化碳、氮气

3.6.3.2　气瓶的标记

1. 气瓶的钢印标记

气瓶的钢印标记包括制造钢印标记和检验钢印标记，是识别气瓶的依据。

（1）制造钢印标记（图3-5）是制造厂用钢印由机械或人工打印在气瓶肩部、筒体、瓶阀护罩上的，有关设计、制造、充装、使用、检验等技术参数的印章。

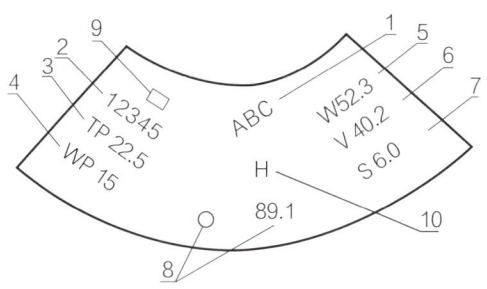

图3-5　气瓶的制造钢印标记

1—气瓶制造单位代号；2—气瓶编号；3—水压试验压力，MPa；4—公称工作压力，MPa；5—实际重量，kg；6—实际容量，L；7—瓶体设计壁厚，mm；8—制造单位检验标记和制造年月；9—监督检验标志；10—寒冷地区用气瓶标记

（2）检验钢印标记（图3-6）是气瓶定期检验后，检验单位用钢印由机械或人工打印在气瓶肩部、筒体、瓶阀护罩上或打印在套于瓶阀尾部金属标记环上的印章。

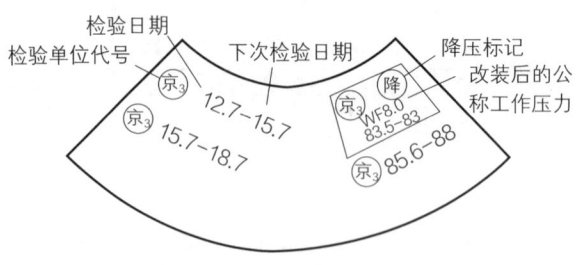

图3-6 气瓶的检验钢印标记

2. 气瓶的颜色标记

气瓶的颜色标记是指气瓶外表的颜色、字样、字色和色环（图3-7）。气瓶喷涂颜色的主要目的是方便辨识气瓶内的介质，即从气瓶外表的颜色上迅速辨识此为盛装某种气体的气瓶和瓶内气体的性质（可燃性、毒性），避免错装和错用。此外，气瓶外表喷涂带颜色的油漆，还可以防止气瓶外表锈蚀。国内常用气瓶的颜色标记如表3-3所示。

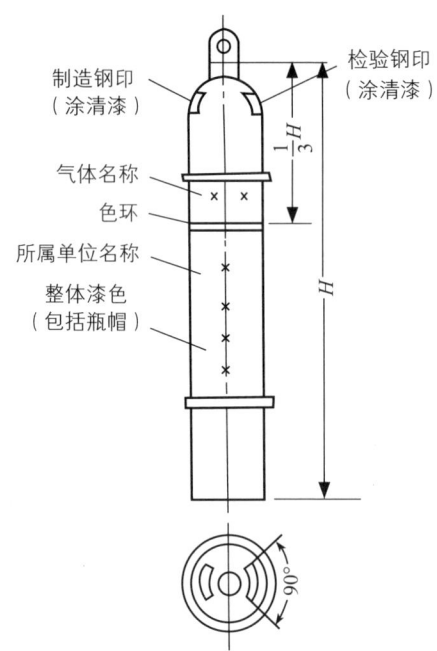

图3-7 气瓶的颜色标记喷涂位置

表3-3 国内常用气瓶颜色标记

序号	盛装介质	外观颜色	字样	字色	色环
1	氢	淡绿	氢	大红	p=20 淡黄色环一道 p=30 淡黄色环二道
2	氧	淡(酞)蓝	氧	黑	p=20 白色环一道 p=30 白色环二道
3	氮	黑	氮	淡黄	
4	空气	黑	空气	白	
5	二氧化碳	铝白	液化二氧化碳	黑	p=20 黑色环一道
6	氨	淡黄	液氨	黑	
7	氯	深绿	液氯	白	
8	甲烷	棕	甲烷	白	p=20 淡黄色环一道 p=30 淡黄色环二道
9	丙烷	棕	液化丙烷	白	
10	乙烯	棕	液化乙烯	淡黄	p=15 白色环一道 p=20 白色环二道
11	硫化氢	白	液化硫化氢	大红	
12	溶解乙炔	白	乙炔不可近火	大红	
13	氩	银灰	氩	深绿	p=20 白色环一道 p=30 白色环二道
14	氦	银灰	氦	深绿	
15	氖	银灰	氖	深绿	
16	氪	银灰	氪	深绿	

注：色环栏内的p是气瓶的公称工作压力，MPa。

3. 气瓶的使用要求

（1）实验气体多数属于危险化学品，其储存容器为特种设备，其销售、充装、运输等均应取得相应资质后方能进行。为加强实验气体及气瓶安全管理，原则上要求实验室不得购买拥有气瓶，应采用气瓶租赁形式购买使用实验气体。学校对实验气体供应商实行资质备案管理。凡对学校实验室销售气体的供应商，须提供其营业执照、危险化学品经营许可证、移动式压力容器充装许可证、工业产品生产许可证、安全生产许可证、特种设备检验检测机构核准证、道路运输经营许可证、人员及车辆的资质证件，经学校实验室与设备管理处审核备案，取得保卫交通部门发放的通行证件后，方能对学校实验室开展销售活动。原则上气体供应商应具有充装、运输、销售的资质，如三者非同一实体时，需要提供相互间的安全协议，明确约定各方责任。

（2）需要使用气体的单位应当监督气体供应商提供的气瓶安全状况，同时检查瓶体上的各种标志是否准确、清晰、完好，气瓶是否在有效的检验周期内，不得擅自更改气瓶的钢印和颜色标记（表3-4）。

表3-4　常见气瓶颜色

气瓶颜色	气体种类
黑色	空气、氮气
银灰色	氩、氦、二氧化硫、一氧化二氮、一氧化碳、六氟化氢
白色	乙炔、一氧化氮、二氧化氮
铝白	二氧化碳、四氟甲烷
淡黄	氨气
棕色	乙烯、丙烯、甲烷、丙烷、环丙烷
淡蓝色	氧气
淡绿色	氢气
深绿色	氯气

（3）气瓶须根据国家《气瓶安全技术规程》（TSG 23—2021）要求进行定期检验，实验室常用气瓶检验周期见表3-5所示；超过检验有效期或无有效检验钢印标识的气瓶不得使用。

（4）气瓶存放地点应严禁明火，保持通风、干燥，避免阳光直射，配备应急救援设施、气体检测和报警装置。

（5）气瓶必须远离热源、放射源、易燃易爆和腐蚀物品，实行分类隔离存放，不得混放，不得存放在走廊和公共场所。空瓶内必须保留一定剩余压力，与实瓶应分开放置，并有明显标识。

表3-5　实验室常用气瓶检验周期

气瓶	介质、环境		检验周期/年
钢质无缝气瓶、钢质焊接气瓶（不含液化石油气钢瓶、液化二甲醚钢瓶）、铝合金无缝气瓶	腐蚀性气体、海水等腐蚀性环境		2
	氮、六氟化硫、四氟甲烷及惰性气体		5
	纯度大于或者等于99.999%的高纯气体（气瓶内表面经防腐蚀处理且内表面粗糙度达到Ra0.4以上）	剧毒	5
		其他	8
	混合气体		按混合气体中检验周期最短的气体特性确定（微量组分除外）
	其他气体		3
液化石油气钢瓶、液化二甲醚钢瓶	民用	液化石油气、液化二甲醚	4
	车用		5
车用压缩天然气瓶	压缩天然气、氢气、空气、氧气		3
车用氢气气瓶			
气体储运用纤维缠绕气瓶			
呼吸器用复合气瓶			
低温绝热气瓶（含车用气瓶）	液氧、液氮、液氩、液化二氧化碳、液化氧化亚氮、液化天然气		3
溶解乙炔气瓶	溶解乙炔		3

（6）气瓶须直立放置，妥善固定，并做好气瓶和气体管路标识，有多种气体或多条管路时需制定详细的供气管路图。

（7）供气管路需选用合适的管材。易燃、易爆、有毒的危险气体（乙炔除外）连接管路必须是合适的惰性管线，乙炔的连接管路不得使用铜管。

（8）使用前后应检查气体管道、接头、开关及器具是否有泄漏，确认盛装气体类型并做好应对可能造成的突发事件的应急准备。

（9）使用后，必须关闭气瓶上的主气阀和释放调节器内的多余气压。

（10）移动气瓶应使用手推车，切勿拖拉、滚动和滑动气瓶，气瓶规范使用如图3-8所示。

图3-8 气瓶规范使用范例

（11）严禁敲击、碰撞气瓶；严禁使用温度超过40℃的热源对气瓶加热。实验室内应保持良好的通风；若发现气体泄漏，应立即采取关闭气源、开窗通风、疏散人员等应急措施。切忌在易燃易爆气体泄漏时开关电源。对于气瓶有缺陷、安全附件不全或已损坏、不能保证安全使用的，需退回供气商或请有资质的单位进行及时处置。

（12）氧气瓶以及与氧气接触的附件（如减压阀、输气胶管等）不得接触油脂，氧气存放处须张贴严禁油脂的标志。

（13）各相关单位应当定期做好气瓶压力表的检定工作，根据《化学工业计量器具分级管理办法（试行）》规定，每半年检定一次；或按照检定证书规定的检定周期及时送检。检定单据存档备查。

（14）各相关单位必须制定相应的安全管理制度和事故应急处理措施；要有专人负责统计与跟踪本单位气瓶的数量和使用状态，建立气瓶使用台账；加强对气瓶使用人员的安全技术教育。发生意外事故时，要采取相应的应急处理措施，并立即向相关部门报告。

第4章

辐射的危害与防护

辐射指的是由场源发出的电磁能量中的一部分脱离场源向远处传播，而后不再返回场源的现象。某些物质的辐射可能会带来危害，如核辐射、放射源、微波、电磁辐射等。辐射防护是指建立并保持对放射性危害的有效防御，以保护人员、社会和环境免受危害。本章包括实验室常见放射源和放射性装置、电离辐射及其危害和电离辐射防护3个方面，按照国家对有害辐射源管理的规定，对辐射源从业人员资质、场所条件、采购审批、储存运输、使用防护、报废处置等提出了相关的要求，有利于保障从业人员的安全健康。

4.1 实验室常见放射源和放射性装置

4.1.1 放射源

放射源按照密封状况可分为密封源和非密封源。密封源是密封在包壳或者紧密覆盖层里的放射物质。工农业生产中应用的料位计、探伤机等使用的都是密封源，如钴-60、镭-226、铯-137、铱-192、气相色谱仪ECD检测器（镍-63）等。非密封源是指没有包壳的放射性物质。医院里使用的放射性示踪剂属于非密封源，如碘-131、磷-32、碳-14、氢-3等。

4.1.2 放射性装置

放射性装置是指X射线机、加速器、中子发生器在运行时产生射线的装置以及含放射源的装置，如X-衍射仪、X-单晶衍射仪、X荧光光谱。根据射线装置对人体健康和环境可能造成危害的程度，从高到低将射线装置分为Ⅰ类、Ⅱ类、Ⅲ类。Ⅰ类为高危险放射性装置，发生事故时可致短时间受照射人员产生严重放射损伤，甚至死亡，或对环境造成严重影响；Ⅱ类为中危险放射性装置，发生事故时可致受照射人员产生较严重放射损伤，大剂量照射甚至可导致死亡；Ⅲ类为低危险射线装置，发生事故时一般不会造成受照射人员的放射损伤。

4.2 电离辐射及其危害

按照放射性粒子能否引起传播介质的电离,把辐射分为两类:电离辐射和非电离辐射。电离辐射是指能引起物质电离的辐射的总和,特点是波长短、频率高、能量高,电离作用可以引起癌症。电离辐射的种类包括:高速带电粒子(如α粒子、β粒子、质子)的辐射,以及不带电离子(如中子、X射线、γ射线)的辐射。非电离辐射较电离辐射能量更弱,非电离辐射不会电离物质,而会改变分子或者原子之旋转、振动或价层电子轨态。通常所说的辐射主要是指电离辐射。

图4-1所示为电磁波谱与辐射类型的关系。

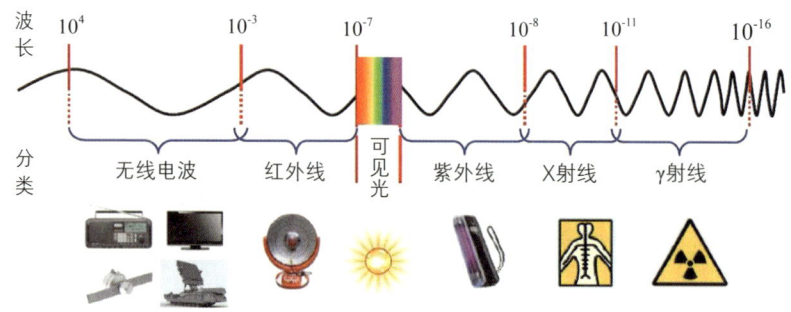

图4-1　电磁波谱与辐射类型的关系

认识电离辐射的危害首先应该清楚地认识到放射性物质作用于人体的方式和放射性物质进入人体的方式,才能在源头减轻或者遏制辐射对人体健康的危害。根据放射性物质作用于人体的方式可将电离辐射分为:①外照射:辐射源位于人体外对人体造成的辐射照射,包括均匀全身照射、局部受照;②内照射:存在于人体内的放射性核素对人体造成的辐射照射;③放射性核素的体表沾染:放射性核素沾染于人体表面(皮肤或者黏膜)。沾染的放射性核素对沾染局部构成外照射源,同时还可经过吸收进入血液构成体内照射。放射性物质进入人体途径有很多,包括:呼吸道吸入、消化道进入、皮肤或者黏膜(包括伤口)侵入。因此,辐射工作人员应严格遵守操作规程,熟知防护原则措施,保障自身和公众的健康与安全。随着放射性核素的广泛应用,越来越多的人认识到辐射对机体造成的损害随着辐射照射量的增加而增大,大剂量的辐射照射会造成被照部位的组织损伤，并导致癌变，即使是小剂量的辐射照射，尤其是长时间的小剂量照射蓄积也会导致照射组织器官诱发癌变，并会使受照射的生殖细胞发生遗传缺陷。成年人全身蓄积辐射症状如表4-1所示。

表4-1 成年人全身蓄积辐射症状

受照剂量/mSv	放射病程度	症状
100以下	无影响	
100～500	轻微影响	白细胞减少，多无症状表现
500～2000	轻度	疲劳、呕吐、食欲减退、暂时性脱发、红细胞减少
2000～4000	中度	骨骼和骨密度遭到破坏，红细胞和白细胞极度减少，有内出血、呕吐、腹泻的症状
4000～6000	重度	造血、免疫、生殖系统以及消化道等脏器受到影响，甚至危及生命

4.3 电离辐射防护

4.3.1 电离辐射防护措施

电离辐射防护在于防止不必要的射线照射，保护操作者本人免受辐射损伤，保护周围人群的健康和安全。对于内照射的防护是减少放射性核素进入人体和加快排出。对于外照射的防护主要采取以下三种措施（图4-2）：

（1）时间防护：对于相同条件下的照射，人体接受的剂量与照射时间成正比。因此，减少照射时间可以明显减少吸收剂量。

（2）距离防护：若不考虑介质的散射与吸收，辐射剂量与辐射距离成反比，增大与放射源的距离，可以减少受到照射的剂量。

（3）物质屏蔽：射线与物质发生作用，可被吸收和散射。对于不同的射线，其屏蔽方法不同：对于α射线，只用一张纸就可以屏蔽；对于γ射线和X射线，用原子序数高的物质（比如铅）效果比较好；对于β射线，则先用原子序数低的材料（比如有机玻璃）阻挡β射线，再在其后用原子序数较高的物质阻挡激发的X射线。

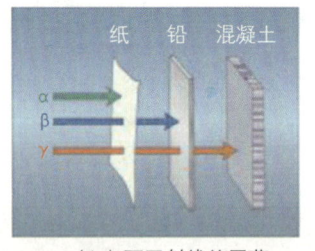

（a）辐射防护三原则　　　　　　　（b）不同射线的屏蔽

图4-2　辐射防护的原则及射线的屏蔽

除了以上三项措施以外，在满足需要的情况下，尽量选择活度小、能量低、容易防护的辐射源也是非常重要的。

4.3.2　放射性实验室的安全管理

1. 放射性物质及设备的购买

放射性物质（包括射线装置）的采购由学校主管仪器设备的部门审批后向环保部门申请。放射性物质管理人不得私自将其转借给他人。确需移交的，必须经所在实验室、单位和学校设备与实验室管理处同意，办理必要手续后方可实施移交。放射性装置到货验收后，必须进行质量检测和放射防护性能检测，获得许可后方可使用。

2. 放射性标志的使用

放射性工作场所，要在场所外面的明显位置张贴电离辐射标志（图4-3）；实验室内存放放射性物品、辐射发生装置等，都应有明显的放射性标志。

图4-3　放射性标志　　　　　　　图4-4　放射源储罐

3. 放射源的安全使用

（1）任何类型的放射源都不能用手直接拿取或触摸，所有放射源使用时都要使用工具（如长柄或短柄镊子、钳子等）进行操作。

（2）保证放射源进出仪器的操作正确，谨防误操作造成的事故。放射源使用后应退出机器，装入铅罐（图4-4），放回保险柜锁好。

（3）放射源的管理严格执行"双人双锁"的制度。

（4）若遇到放射源跌落、封装破裂等事故，应及时关闭门窗和通风系统，立即向单位领导和上级有关部门报告，启动应急响应，并通知邻近工作人员撤离，严格监管现场，严禁无关人员进入，控制事故影响的区域。

4. 放射性废物的规范处置

（1）实验室必须有经环保部门审核认定的处置方案或协议，有暂存容器和场所、处置记录。

（2）放射性废源必须集中收缴、储存，并经公安、环保等有关部门同意后，采取严密措施，统一处置。

（3）同位素示踪试剂及废液处理：不可与普通废液混放，更不可直排；必须集中储存，请专业公司统一处理，或者按照有关要求进行处置，并报实验室与设备管理处备案。

（4）半衰期短的可以储存10个半衰期，经检测达标后处置。

（5）带有放射性物质的设备报废，也必须请专业公司进行报废。

4.3.3 放射性实验室的人员管理

（1）涉辐人员必须经过环保部门组织的培训，取得"辐射安全与防护培训学习合格证书"，必须持证上岗，四年复训1次。

（2）学生在进行涉辐实验前，应接受指导老师提供的防护知识培训和安全教育，指导老师对学生负有监督和检查的责任。

（3）涉辐人员在从事涉辐实验时，必须采取必要的防护措施，规范操作，避免空气污染、表面污染以及外照射事故的发生，并正确佩戴个人剂量计，接受个人剂量检测，个人剂量计的检测周期为1次/季度。

（4）涉辐人员必须接受职业健康检查，每两年1次。

（5）工作人员禁止在放射性实验室内饮水、进食、吸烟，也不能存放此类物品。如需要，可设立单独的、完全与实验室隔离的房间作为休息、进食使用。

（6）工作人员在有比较严重的疾病或者外伤时，不要进入放射性实验室。

（7）参观访问人员进入放射性实验室，要确保有了解该实验室安全与防护措施的工作人员陪同；在参观访问人员进入实验室前，向他们提供足够的信息和指导，采取适当的防护措施，确保来访者安全。

4.3.4　个人防护用具的配备与应用

（1）放射性实验室应根据实际需要为工作人员提供适当、足够和符合有关标准的个人防护用具。如各类防护服、防护围裙、防护手套、防护面罩及呼吸防护器具等（图4-5），并应使工作人员了解其使用的防护用品的性能和使用方法。

图4-5　个人辐射防护用品

（2）应对工作人员进行正确使用呼吸防护器具的指导，并检查佩戴是否合适。

（3）对于任何给定的工作任务，如需使用防护器具，则应考虑由于防护用具使用带来的工作不便或工作时间延长导致的照射增加，并应考虑因使用防护用具可能伴有的非辐射危害。

（4）个人防护用具应有恰当的备份，以备在干预事件中使用。所有个人防护用具均应妥善保管，并定期检查。

（5）放射性实验室应通过利用恰当的防护手段与安全措施（包括良好的工程控制装置和满意的工作条件），尽量减少正常运行期间对个人防护用具的依赖。

第5章
激光的危害与防护

激光产生的光线在自然界中原本不存在,高强度光等激发物质被输入激光枪后,形成激光发射或者激光输出。虽然输出的是光,但是激光与太阳光或灯泡放出的光有很大的区别。由于激光能量集中,通常在使用过程中存在一定的危险性。激光能够产生人眼看得到的单色光,还具有干涉性(所有光波的相位彼此相同,具有干涉性的光比相同波长和强度的光危险得多)。因此从业人员要做好防护,同时要明示提醒,避免外人误入激光区域。本章包括激光等级的分类、激光的危害、激光使用的个人防护和激光安全的管理要求4个方面,按照国家对激光安全管理的规定,对激光从业人员资质、场所条件、个人防护等提出了相关的要求,从而保障从业人员的安全健康。

5.1 激光等级的分类

激光系统根据终端用户在工作中用到的波长和输出功率进行分类,这种分类也可以看作是激光系统危险程度的分类。分类标准由发射波长、输出功率和波束特性决定。分类从一级开始,共4类,激光系统的分类等级越高,危险性越大。激光等级通常用罗马数字标注在激光系统上,产品上一般贴有分类标签,标签中除有文字警示外,还包括波长、总输出功率、激光分类等信息。

1. 一级激光

一级激光属于本身安全型激光,该系列激光在正常使用情况下不会对健康带来危害,产品使用了防止工作人员在工作过程中进入激光辐射区域的设计。

2. 二级激光

二级激光指小功率、可见激光。用户凭借对强光眨眼反射可保护自己,但是如果长时间直视会带来危险,二级激光需要张贴警示标志(图5-1)。

图5-1 激光警示标志

3. 三级激光

三级激光系统也要张贴警示标志，有时要张贴危险标志。如果只是短时间看到，用户凭借人眼对光的排斥反应会起到保护作用。如果直视三级激光系统或者看到二次光束可能对人眼造成伤害。通常该系列经无光表面反射后不会造成伤害。尽管它们对人眼存在伤害，但是引起火灾、烧伤皮肤的危险性较小。建议使用该系列激光时佩戴护眼装置。

4. 四级激光

四级激光对皮肤和眼睛都存在伤害。直接反射、二次反射、漫反射均会造成伤害。所有四级激光系统都带有危险标志。四级激光还可损坏激光区域内或附近的材料，引燃可燃物质。使用该系列激光需要佩戴护眼装置。

5.2 激光的危害

1. 对人眼的危害

通常一提起激光，人们最为关心的是眼睛。激光对人眼的伤害取决于激光波长和输出功率的大小。可见光（400~700 nm）和近红外光（700~1400 nm）能够透过瞳孔聚焦于视网膜，从而对视网膜、视神经和眼睛的中心部位造成不可逆的伤害。非近红外波长的不可见光会给眼睛的外部造成损伤，紫外光辐射（180~400 nm）会伤害角膜和晶体，中红外辐射（1400~3000 nm）可能穿透眼睛表面造成白内障，远红外可能损害眼睛外表面或者角膜。

2. 对电气的伤害

激光产品采用的电压（包括直流和交流）通常较高，因此我们对所有电缆和连接处不得产生麻痹思想，应时刻提防电缆、连接器或设备外壳是否存在危险。

3. 其他伤害

（1）激光系统可能烧伤皮肤，烧伤的程度与激光波长和功率有关；

（2）部分激光的强度足以烧毁衣服、纸张或者引燃溶剂和其他一些易燃物质，使用时必须注意；

（3）高功率的激光器在使用过程中可能存在高温或熔化的金属片，在实际使用过程中要当心高温碎片的产生。

5.3 激光使用的个人防护

5.3.1 安全环境

激光的使用环境决定激光的安全防护措施。激光的防护措施必须适用于三级和四级激光束在室内和室外受控区域使用。例如三级激光的使用者限制在受过培训的专业人员，而且要控制光束，使其不要扩散至危害区域之外；提供适当的维护设备，用光束挡板阻挡有潜在危害的激光束，在光束中或接近光束的位置使用漫反射挡光材料。四级激光的工作场所需要更多的防护措施：①有效的硬件设施用于关断激光或者减少激光的辐射量；②锁闭过载操作的自锁闭机构；③行政条例，要求受过培训的工作人员配备个人防护用品；④表示激光正在工作的醒目的图像或者声音标志。

5.3.2 眼部防护

激光对视觉的伤害是激光产品最大的潜在危害。上面提到了不同波长的激光会对眼睛的不同部位造成不同程度的伤害。防护不同波段的激光有不同的眼镜（各类激光防护眼镜如图5-2）。所需要的激光波长和适当的光密度（OD）是选择激光防护眼镜的两个要素。因此，在眼镜上标明光密度和特定的波长信息是十分重要的，这样工作人员就可以在特定的激光波长和功率水平下选择合适的眼镜。例如，护目镜标签标有OD4@532nm，只可以阻挡532 nm的绿色激光，不可以阻挡其他激光波长，如690 nm的红色激光（图5-3）。对眼睛的安全防护不能仅仅依赖

图5-2　各类激光防护眼镜

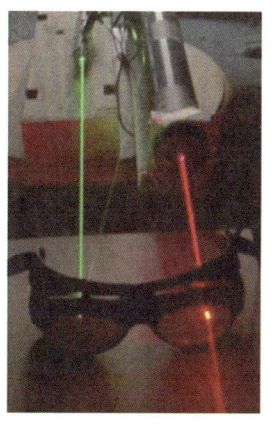

图5-3　特定眼镜防护激光演示图

防护镜，即使佩戴了防护镜也不能直接在光路中进行观察。在使用功率非常高的激光产品时，唯一的选择就是采用工具来阻止激光直接照射人体。

5.3.3 保护皮肤

暴露于250～380 nm波长的激光中的皮肤会发生灼伤、皮肤癌、皮肤加速老化等现象，尤其是280～315 nm紫外到蓝光波段的激光对皮肤的伤害最严重。暴露于280～400 nm波段的激光中的皮肤会加速色素沉积，310～600 nm波段的激光会使皮肤发生光敏反应，700～1000 nm波段的激光会使皮肤灼伤或者角化。

较好地保护皮肤的措施包括穿长袖的由防燃材料制成的工作服，激光受控区域安装由防燃材料制成，并且表面涂覆黑色或者蓝色硅材料的幕帘和隔光板以吸收紫外辐射并阻挡红外线。

5.4 激光安全的管理要求

（1）对功率大的激光器应建立互锁装置等安全设施，并定期安检。

（2）激光箱及控制台应张贴警示标志，并且能够被清楚地看到。

（3）使用者必须经过相关培训，无关人员禁止入内；严格按照操作程序进行实验；操作期间，必须有人看管。

（4）必须在光线充足的情况下进行实验，并采取必要的防护措施，切勿直视激光光束或折射光，避免身体直接暴露在激光光束中。

（5）使用者上岗前，必须接受眼部检查，并定期复查（1次/年）。

（6）注意防止激光对他人的伤害。

第6章

危险化学品基础知识

目前世界上存在数百万种化学物质，常用的约有7万种，每年有上千种新化学物质问世。可以说现代社会中的每一个人都生活在化学物质的包围中，其中有相当部分的化学物质具有反应性、爆燃性、毒性、腐蚀性、致畸性、致癌性等。

实验室涉及的物料中，化学类物料最为普遍，其安全隐患也是不言而喻的。危险化学品涉及面广、种类复杂，往往具有易燃易爆性、腐蚀性和毒性，对健康和环境极具危害，因此，被公认为是风险最高和防控最难的一类安全因素。本章内容涵盖危险化学品的概念和分类，易制爆化学品，易制毒化学品，剧毒化学品和危险化学品的采购、存储、使用管理5个方面，旨在为实验室面临的大量危险化学品安全风险提出具体的、有效的管控方案。若对化学品缺乏安全使用知识，在化学品的生产、储存、操作、运输及废物处置中防护不当，则可能发生损害健康、威胁生命、破坏环境和损害财产的事故。高等学校实验室中常常会涉及各种危险化学品的使用。学习、掌握危险化学品的知识对预防与化学品相关的实验室事故至关重要。

6.1 危险化学品的概念和分类

6.1.1 危险化学品的概念

根据《危险化学品安全管理条例》的定义，危险化学品是指具有毒害、腐蚀、爆炸、燃烧、助燃等性质，对人体、设施、环境具有危害的剧毒化学品和其他化学品。

6.1.2 危险化学品的分类

我国现行的危险化学品的分类标准的依据是《化学品分类和危险性公示通则》（GB 13690—2009）和《危险货物分类和品名编号》（GB 6944—2012），这两个标准在技术内容方面分别与联合国推荐的危险化学品、危险货物分类标准

"紫皮书"和"橙皮书"一致。"紫皮书"指《全球化学品统一分类和标签制度》,"橙皮书"指联合国《关于危险货物运输的建议书 规章范本》。

《化学品分类和危险性公示通则》按理化危险、健康危险和环境危险将化学物质和混合物分为28个危险性类别,具体见表6-1。

表6-1 《化学品分类和危险性公示通则》对危险化学品的分类

理化危险	健康危险	环境危险
爆炸物	急性毒性	危害水生环境:
易燃气体	皮肤腐蚀/刺激	(1)急性水生毒性
易燃气溶胶	严重眼损伤/眼刺激	(2)慢性水生毒性
氧化性气体	呼吸或皮肤致敏	
压力下气体	生殖细胞致突变性	
易燃液体	致癌性	
易燃固体	生殖毒性	
自反应物质或混合物	特异性靶器官系统毒性(一次接触)	
自燃液体	特定靶器官系统毒性(反复接触)	
自燃固体	吸入危险	
自热物质和混合物		
遇水放出易燃气体的物质或混合物		
氧化性液体		
氧化性固体		
有机过氧化物		
金属腐蚀剂		

《危险货物分类和品名编号》将化学品按其危险性或最主要的危险性划分为9个类别21项。这9个类别分别为:①爆炸品;②气体;③易燃液体;④易燃固体、易于自燃的物质和遇水放出易燃气体的物质;⑤氧化性物质与有机过氧化物;⑥

毒性物质和感染性物质；⑦放射性物质；⑧腐蚀性物质；⑨杂项危险物质和物品。本小节主要对各类危险化学品的定义、危险特性和实验室主要的相关危险化学品进行介绍。

6.1.2.1 爆炸品

1. 定义

爆炸品是指能够通过化学反应产生气体，其温度压力和速度高到能对周围造成破坏的固体或液体物质（或这些物质的混合物），也包括不放出气体的烟火物质。爆炸性物质按组成可分为爆炸化合物和爆炸混合物。爆炸品的警示标志如图6-1所示。

图6-1　爆炸品警示标志

2. 危险特性

（1）爆炸性强：爆炸性物质都具有化学不稳定性，在一定外界因素作用下，会进行快速、猛烈的化学反应，一般在万分之一秒内完成化学反应，并放出爆炸能量。

（2）敏感度高：热、火花、撞击、摩擦、冲击波、光、静电、特定的催化剂或杂质等都可能引发爆炸品发生爆炸反应。爆炸品的爆炸需要外界供给一定的能量，即起爆能。一些化合物的起爆能非常低、十分敏感，稍有不慎即可引发爆炸。例如雷酸银，稍经触动即能发生爆炸。

（3）破坏性大：爆炸产生的大量热量由于来不及释放，会产生很高的温度，有时甚至高达数千度；同时产生大量气体，形成高压，高温高压气体做功会对周围环境产生巨大的破坏力和冲击波。且绝大多数爆炸品爆炸时产生的CO、HCN、CO_2、NO_2、NO、N_2等气体具有毒性或窒息性。另外爆炸还容易引发次生灾害，如大面积火灾，导致有毒有害化学品泄漏等。

3. 实验室常见爆炸品

实验室常见爆炸品包括：高氯酸盐或者有机高氯酸化合物、硝酸酯类或者含硝基的有机物、叠氮化合物、重氮化合物等。

6.1.2.2 气体

1. 定义

符合以下两种情况之一的气体为危险化学品：
①在50 ℃时，其蒸气压力大于300 kPa的物质；

②20 ℃时在101.3 kPa压力下完全是气体的物质。

本类危险化学品包括压缩气体、液化气体、加压溶解的气体和冷冻液化气体、一种或多种气体与一种或多种其他类别物质的蒸气的混合物、充有气体的物品和烟雾剂。按危险特性可将本类化学品分为易燃气体（警示标志如图6-2所示）、有毒气体（警示标志如图6-3所示）和非易燃无毒气体三类。易燃气体：极易燃烧，与空气混合形成爆炸性混合物。有毒气体：具有毒性或腐蚀性，对人体健康造成危害。非易燃无毒气体包括窒息性气体或氧化性气体，其中，氧化性气体比空气更容易引起或促进气体材料燃烧，为助燃气体，与油脂能发生燃烧或者爆炸；窒息性气体会稀释或取代空气中的氧气，在高浓度时对人有窒息作用。

图6-2　易燃气体警示标志　　图6-3　有毒气体警示标志

2. 危险特性

（1）膨胀爆炸性：由于压缩气体和液化气体是把气体经高压压缩贮藏于钢瓶内，无论是哪种气体，当其处于高压下时，其在受热、撞击等作用时均易发生物理爆炸。

（2）易燃易爆性：在常用的压缩气体和液化气体中，超过半数是易燃气体。与易燃液体、固体相比，压缩气体和液化气体更易燃烧，燃烧速度快，着火爆炸危险性大。

（3）健康危害：本类中的绝大多数气体对人体健康具有危害性，如毒性、刺激性、腐蚀性或窒息性。

（4）氧化性：危险气体中很多具有氧化性，包括含氧的气体，如氧气、压缩空气、臭氧、一氧化二氮、二氧化硫、三氧化硫等；还包括一些不含氧的气体，如氯气、氟气。这些气体在遇到还原性气体或物质（如多数有机物、油脂等）时易发生燃烧爆炸。在储存、运输和使用过程中要将这些气体与其他可燃气体分开。

（5）扩散性：气体由于分子间距大，相互作用力小，所以非常容易扩散。比空气轻的气体在空气中容易扩散，易与空气形成爆炸性混合物；比空气重的气体往往沿地面扩散，聚集在房屋角落等处，长时间不散，遇着火源即发生燃烧或爆炸。

3. 实验室常见危险气体

（1）常见危险易燃气体有：氢气、甲烷、乙烷、乙烯、丙烯、乙炔、环丙烷、丁二烯、一氧化碳、甲醚、环氧乙烷、乙醛、丙烯醛、氨、乙胺、氰化氢、丙烯腈、硫化氢、二硫化碳等。

（2）常见有毒气体有：光气、溴甲烷、氰化氢、硫化氢、氟化氢、氧化亚氮等。

（3）常见非易燃无毒气体有：纯氧、氮气、二氧化碳、惰性气体等。

6.1.2.3　易燃液体

1. 定义

易燃液体是指闪点小于或者等于60 ℃时放出易燃蒸气的液体或者液体混合物，或是在溶液或者悬浮液中含有固体的液体。其警示标志如图6-4所示。

图6-4　易燃液体警示标志

2. 危险特性

（1）易燃性：易燃液体的闪点低，其燃点也低（高于闪点1~5 ℃），常温下接触火源极易着火并持续燃烧。易燃液体燃烧是通过其挥发的蒸气与空气形成可燃混合物，达到一定浓度后遇火源实现，实质是液体蒸气与氧发生的氧化反应。

（2）蒸气的爆炸性：多数易燃液体沸点低于100 ℃，具有很强的挥发性，挥发出的蒸气易与空气形成爆炸性混合物，当蒸气与空气的比例在爆炸极限范围内时，遇火源会发生爆炸。

（3）毒害性：易燃液体大多本身有毒害性，一般不饱和芳香族碳氢化合物和易挥发的石油产品比饱和的碳氢化合物、不易挥发的石油产品的毒性大。一些易燃液体还具有麻醉性，如乙醚，长时间吸入会使人失去知觉，发生其他灾害事故。

（4）静电性：多数易燃液体是有机化合物，是电的不良导体，在灌注、输送、流动过程中能够产生静电。当静电积累到一定程度就会放电，引起着火或者爆炸。

（5）热膨胀性：储存于密闭容器中的易燃液体受热后，体积膨胀，蒸气压力增加，若超过容器的压力限度，就会造成容器膨胀，发生物理爆炸。因此，盛放易燃液体的容器必须留有不少于5%的空间，并储存于阴凉处。

3. 实验室常见易燃液体

实验室常见易燃液体有乙醚、丙酮、甲苯等。

6.1.2.4 易燃固体、易于自燃的物质和遇水放出易燃气体的物质

1. 易燃固体

（1）定义：易燃固体燃点低，对热、撞击、摩擦、高能辐射等敏感，易被外部火源点燃，燃烧迅速，发出有毒烟雾或者有毒气体。易燃固体警示标志如图6-5所示。

图6-5 易燃固体警示标志

（2）危险特性：

①易燃性：易燃固体的着火点都比较低，一般都在300 ℃以下，在常温下很小能量的着火源就能引燃易燃固体发生燃烧。有些固体在发生摩擦、撞击等外力作用时也能引起燃烧。

②爆炸性：绝大多数易燃固体与酸、氧化剂，尤其是强氧化剂接触时，能够立即引起着火或者爆炸。易燃固体粉末与空气混合极易发生粉尘爆炸，如硫粉及易燃金属粉末等。

③毒害性：很多易燃固体本身具有毒害性，或者燃烧后产生有毒物质。

（3）实验室常见易燃固体：硫磺、氨基化钠、红磷、三硫化磷、铝粉等。

2. 易于自燃的物质

（1）定义：易于自燃的物质（警示标志如图6-6所示）是燃点低、在空气中易发生氧化反应、放出热量而自行燃烧的物质，包括发火物质和自热物质。发火物质是指与空气接触不足5 min便可自行燃烧的液体、固体或液体混合物。自热物质是指与空气接触不需要外部热源便自行发热而燃烧的物质。

图6-6 自燃物品警示标志

（2）危险特性：

①自燃性：自燃性物质都是比较容易氧化的，接触空气中的氧时会产生大量的热，积热达到自燃点而着火、爆炸。同时，潮湿、高

温、包装疏松、结构多孔（接触空气面积大）、助燃剂或催化剂存在等因素，都可促发自燃。

②化学活性：自燃物质一般都比较活泼，具有极强的还原性，与氧化剂可发生剧烈的反应、爆炸。

③毒害性：有相当部分的自燃物质本身及其燃烧产物不仅对机体有毒或剧毒，还可能有刺激性、腐蚀等作用。

（3）实验室常见的自燃物质：黄磷、还原铁、还原镍、金属有机化合物三异丁基铝、三丁基硼等。

3. 遇水放出易燃气体的物质

（1）定义：遇水放出易燃气体的物质又称为遇湿易燃物质（警示标志如图6-7所示），指遇水或者受潮时，发生剧烈化学反应，易变成自燃物质或放出危险数量的易燃气体和热量的物质。有的甚至不需要明火，即能燃烧或者爆炸。

图6-7 遇湿易燃物品警示标志

（2）危险特性：

①遇水易燃性：这是这类物质的共性，遇水、潮湿空气、含水物质可剧烈反应，放出易燃气体和大量热量，引起燃烧、爆炸，或可形成爆炸性混合气体，从而导致危险。

②遇氧化剂、酸反应更剧烈：除遇水剧烈反应外，也能与酸类或氧化剂发生剧烈反应，且反应更加剧烈，燃烧爆炸的危险性更大。

③自燃危险性：磷化物，如磷化钙、磷化锌，遇水形成磷化氢，在空气中能自燃，且有毒。

④毒害性和腐蚀性：一些遇水放出易燃气体的物质本身就具有毒性或可放出有毒气体。由于易与水反应，故对机体有腐蚀性，使用这类物质时应防止接触皮肤、黏膜，以免灼伤，取用时要戴橡皮手套或用镊子操作，不可直接用手拿。

（3）实验室常见遇水放出易燃气体的物质：碱金属（如钠、钾等），钙化合物（钙肥、碳酸钙等）、铝合金粉末、部分有机化合物（如部分有机酸、醇类、酮类等）。

6.1.2.5 氧化性物质与有机过氧化物

1. 定义

氧化性物质（警示标志如图6-8所示）：本身不一定燃烧，但通常能分解放出氧或起氧化反应而可能引起或促进其他物质燃烧的物质。

有机过氧化物（警示标志如图6-9所示）：是含有二价—O—O—结构的液态或者固态有机物质，可以看作是一个或者两个氢原子被有机基替代的过氧化氢衍生物，该类物质为热不稳定物质，可能发生放热的自加速分解。

图6-8　氧化性物质警示标志　　图6-9　有机过氧化物警示标志

2. 危险特性

①强氧化性：氧化剂和有机过氧化物的突出特性是具有较强的获得电子的能力，即强的氧化性和反应性。在遇到还原剂、有机物时会发生剧烈的氧化还原反应，引起燃烧、爆炸，放出反应热。

②易分解性：氧化剂和有机过氧化物均易发生分解放热反应，从而引起可燃物的燃烧爆炸。尤其是有机过氧化物本身就是可燃物，易发生放热的自加速分解而燃烧、爆炸。

③燃烧爆炸性：氧化剂多数本身是不可燃的，但能导致或者促进可燃物的燃烧。有机过氧化物本身是可燃物，易着火燃烧，受热分解后更易燃烧爆炸。有机过氧化物比无机氧化剂具有更大的火灾危害性。一些氧化剂遇水易分解放出氧化性气体，遇火源可导致可燃物燃烧。多数氧化剂和有机过氧化物遇酸反应剧烈，甚至发生爆炸，尤其是碱性氧化剂，如过氧化钠、过氧化二苯甲酰等。

3. 实验室常见的氧化剂及有机过氧化物

氧化剂有：高氯酸盐、高锰酸盐、重铬酸盐、过氧化物。此外，碱土金属和碱土金属的氯酸盐、硝酸盐、亚硝酸盐、高氧化态金属氧化物以及含有过氧基（—O—O—）的无机化合物也属于此类物质。

有机过氧化物有：过氧化二苯甲酰、过氧化二异丙苯、叔丁基过氧化物、过氧化苯甲酰、过甲酸、过氧化环丙酮等。

6.1.2.6 毒性物质和感染性物质

1. 毒性物质

（1）定义：毒性物质（警示标志如图6-10所示）是经吞食、吸入或皮肤接触后可能造成死亡、严重受伤或健康损害的物质，如氰化钾、氯化汞、氢氟酸等。

图6-10 毒性物质警示标志

（2）危险特性：

①毒性：毒性是这类物质的主要特征。无论通过口服、吸入，还是皮肤接触，毒性物质侵入机体后会对机体的功能与健康造成损害，甚至死亡。毒性物质的溶解性越好，其危害越大。这里的溶解性不仅包括水溶性还包括脂溶性。如易溶于水的氯化钡对人体危害大，而难溶的硫酸钡则无毒；具有致癌及生殖、遗传毒性的二噁英就是脂溶性毒品。多数有机毒害品挥发性较强，容易引起吸入中毒。对于固体毒物，颗粒越小，分散性越好，越容易通过呼吸道和消化道进入体内。

②隐蔽性：有相当部分的毒性物质没有特殊颜色和气味，容易和面粉、盐、糖、水、空气等混淆，不易识别和防范。如氰化银为白色粉末，无臭无味；铊盐溶液为无色透明状液体，容易和水混淆；一氧化碳为无色无味气体等。另一些毒性物质，如苯、四氯化碳、乙醚、硝基苯等蒸气久吸会使人嗅觉减弱，使人放松警惕。

③易燃易爆性：目前列入危险品的毒害品有500多种，有火灾危险的占其总数的近90%。这些毒害品遇火源和氧化剂容易发生燃烧、爆炸。对于含硝基和亚硝基的芳香族有机化合物遇高热、撞击等有可能引起爆炸并分解出有毒气体。

④遇水、遇酸反应：大多数毒害品遇酸或酸雾，会放出有毒的气体，有的气体还具有易燃和自燃危险性，有的甚至遇水会发生爆炸。

（3）实验室常见毒害品：

无机毒性物质：有毒气体，如卤素、卤化氢、氢氰酸、二氧化硫、硫化氢、氨、一氧化碳等；氰化物，如KCN、NaCN等；砷及其化合物，如As_2O_3；硒及其化合物，如SeO_2；其他有毒物质，如汞、锑、氟、铯、铅、钡、磷、铊、碲及其化合物。

有机毒性物质：卤代烃及其卤化物类，如氯乙醇、二氯甲烷、光气等；有机金属化合物类，如二乙基汞、四乙基铅、硫酸三乙基锡等；有机磷、硫、砷及腈、胺等化合物类，如对硫磷、丁腈等；某些芳香环、稠环及杂环化合物类，如硝基苯、糠醛等；天然有机毒品类，如鸦片、尼古丁等；其他有毒物质，如硫酸二甲酯、正硅酸甲酯等。

2. 感染性物质

（1）定义：感染性物质是含有病原体的物质，包括生物制品、诊断样品、基因突变的微生物、生物体和其他媒介，如病毒蛋白、病毒株、病理样品、使用过的针头等。

（2）危险特性：

①高传染性：感染性物质可以通过直接接触、空气飞沫、饮食等途径传播给其他人或动物，引起感染疾病的扩散。

②高致病性：感染性物质可以引起严重的疾病，包括但不限于病毒性感染、细菌感染、寄生虫感染等。这些疾病可能会导致器官损伤、免疫系统异常，甚至死亡。

③隐蔽性：有些感染性物质可能在患者身体内潜伏一段时间，不表现出明显的症状，但仍具有传染性，增加了感染的风险和难度。

④变异性：某些感染性物质可以发生基因突变或变异，导致变种出现，这可能会使现有的治疗方法变得无效，增加了疾病的控制和防治的难度。

⑤抗药性：部分感染性物质可能会对抗生素、抗病毒药物等治疗手段产生耐药性，使治疗变得困难，并增加疾病的传播危险性。

（3）实验室常见感染性物质：

①细菌：常见的细菌感染性物质包括致病性大肠杆菌、金黄色葡萄球菌、沙门菌属等。这些细菌可以引起多种感染疾病，如腹泻、呼吸道感染、皮肤感染等。

②病毒：常见的病毒感染性物质包括流感病毒、乙肝病毒、人类免疫缺陷病毒等。这些病毒可以引起流感、乙肝、艾滋病等疾病。

③真菌：常见的真菌感染性物质包括念珠菌属、白色念珠菌等。这些真菌可以引起念珠菌感染、鳞癣等疾病。

④寄生虫：常见的寄生虫感染性物质包括蛔虫、疟原虫等。这些寄生虫可以引起蛔虫感染、疟疾等疾病。

此外，在实验室中也可能会接触到其他一些具有感染性的生物，如原核病毒、立克次体等。

6.1.2.7 放射性物质

放射性物质（一级放射性物品警示标志如图6-11所示）是指那些能自然向外辐射能量，发出射线（α射线、β射线、γ射线及中子流）的物质。放射性物质一般都是原子质量很高的金属，如铀，而其辐射放出的射线对人体的危害很大。有关放射性物质的安全知识详见第四章。

图6-11 一级放射性物品警示标志

6.1.2.8 腐蚀性物质

1. 定义

腐蚀性物质是指通过化学作用使生物组织在接触时导致严重损伤，或在渗漏时导致严重损害甚至会破坏其他物质或运输工具的物质。腐蚀性物质（警示标志如图6-12所示）按化学性质分为三类：酸性腐蚀品、碱性腐蚀品和其他腐蚀品。

2. 危险特性

（1）强烈的腐蚀性：腐蚀性物质的化学性质比较活泼，能和很多金属、有机化合物、动植物机体等发生化学反应，从而灼伤人体组织，对金属、动植物机体、纤维制品等具有强烈的腐蚀作用。腐蚀品中的酸能与大多数金属反应，溶解金属；还能和非金属发生作用。腐蚀品中的强碱也能腐蚀某些金属和非金属。

图6-12 腐蚀品警示标志

（2）毒性：多数腐蚀品有不同程度的毒性，有的还是剧毒品。

（3）易燃性：许多有机腐蚀物都具有易燃性，这是由于它们本身的组成和分子结构决定的，如冰醋酸、甲酸、苯甲酰氯、丙烯酸等接触火源时会引起燃烧。

（4）氧化性：腐蚀品中有些物质具有很强的氧化性，其中多数是含氧酸和酸酐，如浓硫酸、硝酸、氯酸、高锰酸、铬酸酐等。当强氧化性的腐蚀品接触木屑、食糖、纱布等可燃物时，会发生氧化反应，引起燃烧、爆炸。

3. 实验室常见腐蚀品

酸性腐蚀品有：硝酸、硫酸、氢氟酸、氢溴酸、高氯酸、王水、乙酸酐、氯磺酸、三氧化硫、五氧化二磷、酰氯等。

碱性腐蚀品有：氢氧化钠、氢氧化钙、氢氧化钾、硫氢化钙、硫化钠、烷基醇钠、水合肼、有机胺类及有机铵盐类等。

其他腐蚀品有：苯基二氯化磷、氯甲酸苄酯、二氯乙醛、氟化氢钾、氟化氢铵、氟化铬等。

6.1.2.9 杂项危险物质和物品

杂项危险物质和物品（警示标志见图6-13）是指未被其他类别收录的危险物质和物品。主要包括以下三类。

（1）危害环境的物质，如海洋污染物、水生环境危害物质。

（2）在高温下运输或提交运输的物质，如运输或要求运输的高温物质，液态温度达到或超过100 ℃，或固态温度达到或超过240 ℃。

图6-13 杂项危险物品警示标志

（3）经过基因修改的微生物或组织：不属感染性物质，但可以非正常的天然繁殖结果的方式改变动物、植物或微生物物质。其他的，如强磁性物品、白石棉、干冰、锂电池组、可危害健康的超细粉尘，具有较弱的燃烧或腐蚀性能的物质等均属于此项。

6.1.3 化学品危险性公示

危险化学品具有不同程度的危险性，如果在生产、使用、储存、运输和废弃过程中操作人员对其接触的危险化学品性质和危害不了解，未按照规定的程序和方法操作，将会带来严重的后果。所以国家法规和标准都对化学品危险性的公示进行了明确的要求。《危险化学品安全管理条例》规定危险化学品的生产和经营（含储存、使用）应提供化学品安全技术说明书和化学品安全标签（一书一签）。《化学品分类和危险性公示通则》（GB13690—2009）及其系列标准、《化学品安全技术说明书 内容和项目顺序》（GB/T 16483—2008）、《化学品安全标签编写规定》（GB 15258—2009）、《化学品作业场所安全警示标志规范》（AQ 3047—2013）都对化学品全生命周期的各个环节的危险性公示进行了规范，要求生产和经营单位提供化学品的安全技术说明书和化学品安全标签，使用单位在化学品使用场所设置安全警示标志。

1. 化学品安全技术说明书

化学品安全技术说明书（MSDS或SDS）是化学品生产商和经销商按法律要求必须提供的有关化学品理化特性（如pH值、闪点、易燃度、反应活性等）、毒性、环境危害以及对使用者健康（如致癌、致畸等）可能产生危害的一份综合性文件。它是包括危险化学品的燃、爆性能，毒性和环境危害，以及安全使用、泄漏应急救护处置、主要理化参数、法律法规等方面信息的综合性文件。化学品安全技术说明书包括化学品及企业标志、成分/组成信息、危险性概述、急救措施、消防措施、泄漏应急处理、操作处置与储存、接触控制/个体防护、理化特征、稳定性和反应性、毒理学资料、生态学资料、废弃处置、运输信息、法规信息、其他信息共16个部分。详细信息可参考《化学品安全技术说明书 内容和项目顺序》（GB/T 16483—2008）的要求。

2. 化学品安全标签

危险化学品安全标签是指危险化学品在市场上流通时由生产商和经销商提供的附在化学品包装上的标签，是向作业人员传递安全信息的一种载体，它用简单、易于理解的文字和图形表述有关化学品的危险特性及其安全处置的注意事项，警示作业人员进行安全操作和处置。

《化学品安全标签编写规定》（GB 15258—2009）规定化学品安全标签（样例见图6-14）应包括物质名称、编号、危险性标志、警示词、危险性概述、安全措施、灭火方法、生产厂家及其地址与电话、应急咨询电话、提示参阅安全技术说明书等内容。还规定了危险化学品安全标签的样式及基本内容。

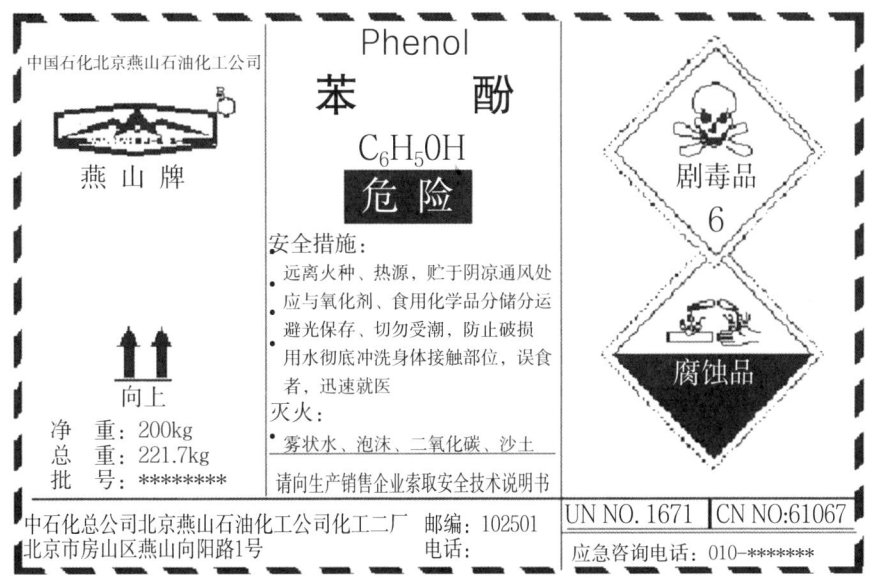

图6-14 化学品安全标签样例

对于小于或等于100 mL的化学品小包装，为方便标签使用，安全标签可简化为化学品标志、象形图、信号词、危险性说明、应急咨询电话、供应商名称和联系电话以及资料参阅提示语即可。简化标签样例参见图6-15。

图6-15　化学品简化标签样例

3. 化学品作业场所安全警示标志

化学品作业场所安全警示标志以文字和图形符号组合的形式，表示化学品在工作场所具有的危险性和安全注意事项。标志要素包括化学品标志、理化特性、危险象形图、警示词、危险性说明、防范说明、防护用品说明、资料参阅提示语以及报警电话等。化学品作业场所安全警示标志样例见图6-16。

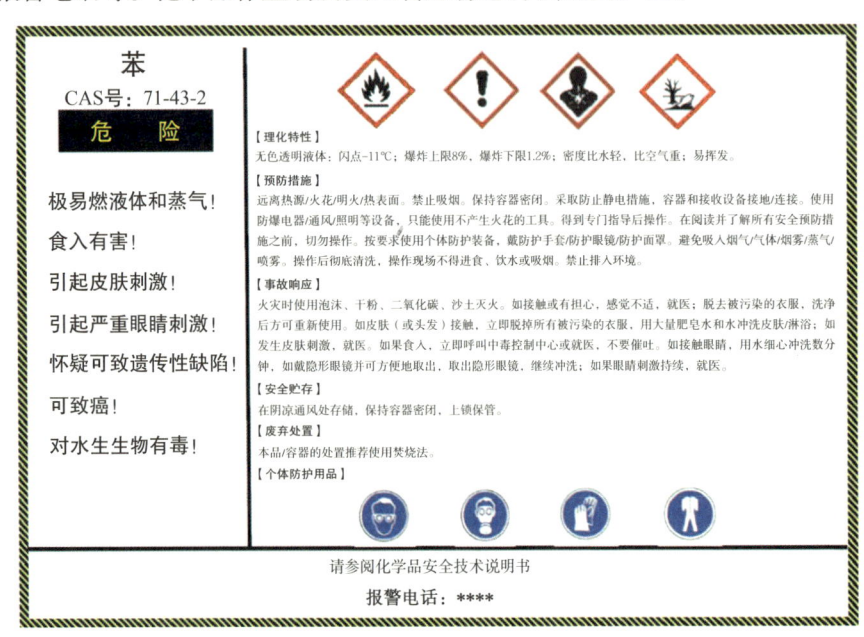

图6-16　化学品作业场所安全警示标志样例

6.2 易制爆化学品

1. 易制爆化学品定义

易制爆是指化学品可以作为原料或辅料而制成爆炸品的性质。易制爆化学品通常包括：强氧化剂、可/易燃物、强还原剂、部分有机物。

2. 常见易制爆化学品及分类

（1）高氯酸、高氯酸盐及氯酸盐，如：高氯酸（含酸50%～72%）、氯酸钾、氯酸钠、高氯酸钾、高氯酸锂、高氯酸铵、高氯酸钠。

（2）硝酸及硝酸盐类，如：硝酸（含硝酸大于或等于70%）、硝酸钾、硝酸钡、硝酸锶、硝酸钠、硝酸银、硝酸铅、硝酸镍、硝酸镁、硝酸钙、硝酸锌、硝酸铯。

（3）硝基类化合物，如：硝基甲烷、硝基乙烷、硝化纤维素、硝基萘类化合物、硝基苯类化合物、硝基苯酚（邻、间、对）类化合物、硝基苯胺类化合物、2,4-二硝基甲苯、2,6-二硝基甲苯、二硝基（苯）酚（干的或含水小于15%）、二硝基（苯）酚碱金属盐（干的或含水小于15%）、二硝基间苯二酚（干的或含水小于15%）。

（4）过氧化物与超氧化物，如：过氧化氢溶液、过氧乙酸、过氧化钾、过氧化钠、过氧化锂、过氧化钙、过氧化镁、过氧化锌、过氧化钡、过氧化锶、过氧化氢尿素、过氧化二异丙苯（工业纯）、超氧化钾、超氧化钠。

（5）燃料还原剂类，如：环六亚甲基四胺（乌洛托品）、甲胺（无水）、乙二胺、硫磺、铝粉（未涂层的）、金属锂、金属钠、金属钾、金属锆粉（干燥的）、锑粉、镁粉（发火的）、镁合金粉、锌粉或锌尘（发火的）、硅铝粉、硼氢化钠、硼氢化锂、硼氢化钾。

（6）其他，如：苦氨酸钠（含水大于或等于20%）、高锰酸钠、高锰酸钾等。

6.3 易制毒化学品

6.3.1 易制毒化学品定义

易制毒化学品是指国家规定管制的可用于制造毒品的前体、原料和化学助剂等物质。简单来说，易制毒化学品就是指国家规定管制的可用于制造麻醉药品和精神药品的原料和配剂，既广泛应用于工农业生产和群众日常生活，流入非法渠道又可用于制造毒品。

6.3.2 常见易制毒化学品及分类

表6-2列出了易制毒化学品的分类和品种目录。2012年9月15日前，我国列管了三类24个品种，第一类主要是用于制造毒品的原料，第二类、第三类主要是用于制造毒品的配剂。

易制毒化学品的分类和品种需要调整的，由国务院公安部门会同国务院药品监督管理部门、安全生产监督管理部门、商务主管部门、卫生主管部门和海关总署提出方案，报国务院批准。国家于2012年、2014年、2017年、2021年对《易制毒化学品的分类和品种目录》进行了增补，目前共列管了三类38种物料。

表6-2 易制毒化学品的分类和品种目录

序号	第一类	序号	第二类	序号	第三类
1	1-苯基-2-丙酮	1	苯乙酸	1	甲苯
2	3,4-亚甲基二氧苯基-2-丙酮	2	醋酸酐	2	丙酮
3	胡椒醛	3	三氯甲烷	3	甲基乙基酮（2-丁酮）
4	黄樟素	4	乙醚	4	高锰酸钾
5	黄樟油	5	哌啶	5	硫酸
6	异黄樟素	6	溴素（2017年新增）	6	盐酸
7	N-乙酰邻氨基苯酸	7	1-苯基-1-丙酮（2017年新增）	7	苯乙腈（2021年新增）
8	邻氨基苯甲酸	8	α-苯乙酰乙酸甲酯（2021年新增）	8	γ-丁内酯（2021年新增）
9	麦角酸*	9	α-乙酰乙酰苯胺（2021年新增）		
10	麦角胺*	10	3,4-亚甲基二氧苯基-2-丙酮缩水甘油酸（2021年新增）		

续表

序号	第一类	序号	第二类	序号	第三类
11	麦角新碱*	11	3,4-亚甲基二氧苯基-2-丙酮缩水甘油酯（2021年新增）		
12	麻黄素、伪麻黄素、消旋麻黄素、去甲麻黄素、甲基麻黄素、麻黄浸膏、麻黄浸膏粉等麻黄素类物质*				
13	羟亚胺（2008年新增）				
14	邻氯苯基环戊酮（2012年新增）				
15	1-苯基-2-溴-1-丙酮（2014年新增）				
16	3-氧-2-苯基丁腈（2014年新增）				
17	N-苯乙基-4-哌啶酮（2017年新增）				
18	4-苯胺基-N-苯乙基哌啶（2017年新增）				
19	N-甲基-1-苯基-1-氯-2-丙胺（2017年新增）				

注：①第一类、第二类所列物质可能存在的盐类，也纳入管制；②带有*标记的品种为第一类中的药品类易制毒化学品，第一类中的药品类易制毒化学品包括原料药及其单方制剂；③高锰酸钾既属于易制毒化学品也属于易制爆化学品。

6.4 剧毒化学品

6.4.1 剧毒化学品定义

剧毒化学品是指具有剧烈急性毒性危害的化学品，包括人工合成的化学品及其混合物和天然毒素，还包括具有急性毒性易造成公共安全危害的化学品，列入国家危险化学品目录，符合剧毒化学品判定标准，被标注为剧毒的危险化学品。

剧烈急性毒性判定界限：急性毒性类别1，即满足下列条件之一：大鼠实验，经口$LD_{50} \leq 5$ mg/kg，经皮$LD_{50} \leq 50$ mg/kg，吸入（4h）$LC_{50} \leq 100$ mL/m³（气体）或 0.5 mg/L（蒸气）或0.05 mg/L（尘、雾）。经皮LD_{50}的实验数据，也可使用兔实验数据。

6.4.2 常见剧毒化学品及分类

根据最新的《危险化学品目录》（2022调整版），目前被列入目录且定义为剧毒化学品的有148种（表6-3）。高校实验室常见的有氰化物、碳酰氯、异氰酸酯类物质、磷酸酯类物、氟乙酸化合物等。

表6-3 剧毒化学品目录（摘自《危险化学品目录（2022调整版）》）

序号	品名	别名	CAS号	备注
4	5-氨基-3-苯基-1-[双(N,N-二甲基氨基氧膦基)]-1,2,4-三唑[含量>20%]	威菌磷	1031-47-6	剧毒
20	3-氨基丙烯	烯丙胺	107-11-9	剧毒
40	八氟异丁烯	全氟异丁烯；1,1,3,3,3-五氟-2-(三氟甲基)-1-丙烯	382-21-8	剧毒
41	八甲基焦磷酰胺	八甲磷	152-16-9	剧毒
42	1,3,4,5,6,7,8,8-八氯-1,3,3a,4,7,7a-六氢-4,7-甲撑异苯并呋喃[含量>1%]	八氯六氢亚甲基苯并呋喃；碳氯灵	297-78-9	剧毒
71	苯基硫醇	苯硫酚；巯基苯；硫代苯酚	108-98-5	剧毒
88	苯肼化二氯	二氯化苯肼；二氯苯肼	696-28-6	剧毒
99	1-(3-吡啶甲基)-3-(4-硝基苯基)脲	1-(4-硝基苯基)-3-(3-吡啶基甲基)脲；灭鼠优	53558-25-1	剧毒

续表

序号	品名	别名	CAS号	备注
121	丙腈	乙基氰	107-12-0	剧毒
123	2-丙炔-1-醇	丙炔醇；炔丙醇	107-19-7	剧毒
138	丙酮氰醇	丙酮合氰化氢；2-羟基异丁腈；氰丙醇	75-86-5	剧毒
141	2-丙烯-1-醇	烯丙醇；蒜醇；乙烯甲醇	107-18-6	剧毒
155	丙烯亚胺	2-甲基氮丙啶；2-甲基乙撑亚胺；丙撑亚胺	75-55-8	剧毒
217	叠氮化钠	三氮化钠	26628-22-8	剧毒
241	3-丁烯-2-酮	甲基乙烯基酮；丁烯酮	78-94-4	剧毒
258	1-(对氯苯基)-2,8,9-三氧-5-氮-1-硅双环(3,3,3)十二烷	毒鼠硅；氯硅宁；硅灭鼠	29025-67-0	剧毒
321	2-(二苯基乙酰基)-2,3-二氢-1,3-茚二酮	2-(2,2-二苯基乙酰基)-1,3-茚满二酮；敌鼠	82-66-6	剧毒
339	1,3-二氟丙-2-醇（Ⅰ）与1-氯-3-氟丙-2-醇（Ⅱ）的混合物	鼠甘伏；甘氟	8065-71-2	剧毒
340	二氟化氧	一氧化二氟	7783-41-7	剧毒
367	O-O-二甲基-O-(2-甲氧甲酰基-1-甲基)乙烯基磷酸酯[含量>5%]	甲基-3-[(二甲氧基磷酰基)氧代]-2-丁烯酸酯；速灭磷	7786-34-7	剧毒
385	二甲基-4-(甲基硫代)苯基磷酸酯	甲硫磷	3254-63-5	剧毒
393	(E)-O,O-二甲基-O-[1-甲基-2-(二甲基氨基甲酰)乙烯基]磷酸酯[含量>25%]	3-二甲氧基磷氧基-N,N-二甲基异丁烯酰胺；百治磷	141-66-2	剧毒
394	O,O-二甲基-O-[1-甲基-2-(甲基氨基甲酰)乙烯基]磷酸酯[含量>0.5%]	久效磷	6923-22-4	剧毒
410	N,N-二甲基氨基乙腈	2-(二甲氨基)乙腈	926-64-7	剧毒
434	O,O-二甲基-对硝基苯基磷酸酯	甲基对氧磷	950-35-6	剧毒
461	1,1-二甲基肼	二甲基肼[不对称]；N,N-二甲基肼	57-14-7	剧毒

续表

序号	品名	别名	CAS号	备注
462	1,2-二甲基肼	二甲基肼[对称]	540-73-8	剧毒
463	O,O'-二甲基硫代磷酰氯	二甲基硫代磷酰氯	2524-03-0	剧毒
481	二甲双胍	双甲脒；马钱子碱	57-24-9	剧毒
486	二甲氧基马钱子碱	番木鳖碱	357-57-3	剧毒
568	2,3-二氢-2,2-二甲基苯并呋喃-7-基-N-甲基氨基甲酸酯	克百威	1563-66-2	剧毒
572	2,6-二噻-1,3,5,7-四氮三环-[3,3,1,1,3,7]癸烷-2,2,6,6-四氧化物	毒鼠强	80-12-6	剧毒
648	S-[2-(二乙氨基)乙基]-O,O-二乙基硫赶磷酸酯	胺吸磷	78-53-5	剧毒
649	N-二乙氨基乙基氯	2-氯乙基二乙胺	100-35-6	剧毒
654	O,O-二乙基-N-(1,3-二硫戊环-2-亚基)磷酰胺[含量>15%]	2-(二乙氧基磷酰亚氨基)-1,3-二硫戊环；硫环磷	947-02-4	剧毒
655	O,O-二乙基-N-(4-甲基-1,3-二硫戊环-2-亚基)磷酰胺[含量>5%]	二乙基(4-甲基-1,3-二硫戊环-2-叉氨基)磷酸酯；地胺磷	950-10-7	剧毒
656	O,O-二乙基-N-1,3-二噻丁环-2-亚基磷酰胺	丁硫环磷	21548-32-3	剧毒
658	O,O-二乙基-O-(2-乙硫基乙基)硫代磷酸酯与O,O-二乙基-S-(2-乙硫基乙基)硫代磷酸酯的混合物[含量>3%]	内吸磷	8065-48-3	剧毒
660	O,O-二乙基-O-(4-甲基香豆素基-7)硫代磷酸酯	扑杀磷	299-45-6	剧毒
661	O,O-二乙基-O-(4-硝基苯基)磷酸酯	对氧磷	311-45-5	剧毒
662	O,O-二乙基-O-(4-硝基苯基)硫代磷酸酯[含量>4%]	对硫磷	56-38-2	剧毒
665	O,O-二乙基-O-[2-氯-1-(2,4-二氯苯基)乙烯基]磷酸酯[含量>20%]	2-氯-1-(2,4-二氯苯基)乙烯基二乙基磷酸酯；毒虫畏	470-90-6	剧毒

续表

序号	品名	别名	CAS号	备注
667	O,O-二乙基-O-2-吡嗪基硫代磷酸酯[含量>5%]	虫线磷	297-97-2	剧毒
672	O,O-二乙基-S-(2-乙硫基乙基)二硫代磷酸酯[含量>15%]	乙拌磷	298-04-4	剧毒
673	O,O-二乙基-S-(4-甲基亚磺酰基苯基)硫代磷酸酯[含量>4%]	丰索磷	115-90-2	剧毒
675	O,O-二乙基-S-(对硝基苯基)硫代磷酸	硫代磷酸-O,O-二乙基-S-(4-硝基苯基)酯	3270-86-8	剧毒
676	O,O-二乙基-S-(乙硫基甲基)二硫代磷酸酯	甲拌磷	298-02-2	剧毒
677	O,O-二乙基-S-(异丙基氨基甲酰甲基)二硫代磷酸酯[含量>15%]	发硫磷	2275-18-5	剧毒
679	O,O-二乙基-S-氯甲基二硫代磷酸酯[含量>15%]	氯甲硫磷	24934-91-6	剧毒
680	O,O-二乙基-S-叔丁基硫甲基二硫代磷酸酯	特丁硫磷	13071-79-9	剧毒
692	二乙基汞	二乙汞	627-44-1	剧毒
732	氟		7782-41-4	剧毒
780	氟乙酸	氟醋酸	144-49-0	剧毒
783	氟乙酸甲酯		453-18-9	剧毒
784	氟乙酸钠	氟醋酸钠	62-74-8	剧毒
788	氟乙酰胺		640-19-7	剧毒
849	癸硼烷	十硼烷；十硼氢	17702-41-9	剧毒
1008	4-己烯-1-炔-3-醇		10138-60-0	剧毒
1041	3-(1-甲基-2-四氢吡咯基)吡啶硫酸盐	硫酸化烟碱	65-30-5	剧毒
1071	2-甲基-4,6-二硝基酚	4,6-二硝基邻甲苯酚；二硝酚	534-52-1	剧毒
1079	O-甲基-S-甲基-硫代磷酰胺	甲胺磷	10265-92-6	剧毒
1081	O-甲基氨基甲酰基-2-甲基-2-(甲硫基)丙醛肟	涕灭威	116-06-3	剧毒

续表

序号	品名	别名	CAS号	备注
1082	O-甲基氨基甲酰基-3,3-二甲基-1-(甲硫基)丁醛肟	O-甲基氨基甲酰基-3,3-二甲基-1-(甲硫基)丁醛肟;久效威	39196-18-4	剧毒
1097	(S)-3-(1-甲基吡咯烷-2-基)吡啶	烟碱;尼古丁;1-甲基-2-(3-吡啶基)吡咯烷	54-11-5	剧毒
1126	甲基磺酰氯	氯化硫酰甲烷;甲烷磺酰氯	124-63-0	剧毒
1128	甲基肼	一甲肼;甲基联氨	60-34-4	剧毒
1189	甲烷磺酰氟	甲磺氟酰;甲基磺酰氟	558-25-8	剧毒
1202	甲藻毒素(二盐酸盐)	石房蛤毒素(盐酸盐)	35523-89-8	剧毒
1236	抗霉素A		1397-94-0	剧毒
1248	镰刀菌酮X		23255-69-8	剧毒
1266	磷化氢	磷化三氢;膦	7803-51-2	剧毒
1278	硫代磷酰氯	硫代氯化磷酰;三氯化硫磷;三氯硫磷	3982-91-0	剧毒
1327	硫酸三乙基锡		57-52-3	剧毒
1328	硫酸铊	硫酸亚铊	7446-18-6	剧毒
1332	六氟-2,3-二氯-2-丁烯	2,3-二氯六氟-2-丁烯	303-04-8	剧毒
1351	(1R,4S,4aS,5R,6R,7S,8S,8aR)-1,2,3,4,10,10-六氯-1,4,4a,5,6,7,8,8a-八氢-6,7-环氧-1,4,5,8-二亚甲基萘[含量2%~90%]	狄氏剂	60-57-1	剧毒
1352	(1R,4S,5R,8S)-1,2,3,4,10,10-六氯-1,4,4a,5,6,7,8,8a-八氢-6,7-环氧-1,4;5,8-二亚甲基萘[含量>5%]	异狄氏剂	72-20-8	剧毒
1353	1,2,3,4,10,10-六氯-1,4,4a,5,8,8a-六氢-1,4-挂-5,8-挂二亚甲基萘[含量>10%]	异艾氏剂	465-73-6	剧毒
1354	1,2,3,4,10,10-六氯-1,4,4a,5,8,8a-六氢-1,4:5,8-桥,挂-二甲撑萘[含量>75%]	六氯-六氢-二甲撑萘;艾氏剂	309-00-2	剧毒

续表

序号	品名	别名	CAS号	备注
1358	六氯环戊二烯	全氯环戊二烯	77-47-4	剧毒
1381	氯	液氯；氯气	7782-50-5	剧毒
1422	2-[(RS)-2-(4-氯苯基)-2-苯基乙酰基]-2,3-二氢-1,3-茚二酮[含量>4%]	2-(苯基对氯苯基乙酰)茚满-1,3-二酮；氯鼠酮	3691-35-8	剧毒
1442	氯代膦酸二乙酯	氯化磷酸二乙酯	814-49-3	剧毒
1464	氯化汞	氯化高汞；二氯化汞；升汞	7487-94-7	剧毒
1476	氯化氰	氰化氯；氯甲腈	506-77-4	剧毒
1502	氯甲基甲醚	甲基氯甲醚；氯二甲醚	107-30-2	剧毒
1509	氯甲酸甲酯	氯碳酸甲酯	79-22-1	剧毒
1513	氯甲酸乙酯	氯碳酸乙酯	541-41-3	剧毒
1549	2-氯乙醇	乙撑氯醇；氯乙醇	107-07-3	剧毒
1637	2-羟基丙腈	乳腈	78-97-7	剧毒
1642	羟基乙腈	乙醇腈	107-16-4	剧毒
1646	羟间唑啉(盐酸盐)		2315-02-8	剧毒
1677	氰胍甲汞	氰甲汞胍	502-39-6	剧毒
1681	氰化镉		542-83-6	剧毒
1686	氰化钾	山奈钾	151-50-8	剧毒
1688	氰化钠	山奈	143-33-9	剧毒
1693	氰化氢	无水氢氰酸	74-90-8	剧毒
1704	氰化银钾	银氰化钾	506-61-6	剧毒
1723	全氯甲硫醇	三氯硫氯甲烷；过氯甲硫醇；四氯硫代碳酰	594-42-3	剧毒
1735	乳酸苯汞三乙醇铵		23319-66-6	剧毒
1854	三氯硝基甲烷	氯化苦；硝基三氯甲烷	76-06-2	剧毒
1912	三氧化二砷	白砒；砒霜；亚砷酸酐	1327-53-3	剧毒
1923	三正丁胺	三丁胺	102-82-9	剧毒
1927	砷化氢	砷化三氢；胂	7784-42-1	剧毒
1998	双(1-甲基乙基)氟磷酸酯	二异丙基氟磷酸酯；丙氟磷	55-91-4	剧毒

续表

序号	品名	别名	CAS号	备注
1999	双(2-氯乙基)甲胺	氮芥；双(氯乙基)甲胺	51-75-2	剧毒
2000	5-[(双(2-氯乙基)氨基]-2,4-(1H,3H)嘧啶二酮	尿嘧啶芳芥；嘧啶苯芥	66-75-1	剧毒
2003	O,O'-双(4-氯苯基)N-(1-亚氨基)乙基硫代磷酸胺	毒鼠磷	4104-14-7	剧毒
2005	双(二甲胺基)磷酰氟[含量＞2%]	甲氟磷	115-26-4	剧毒
2047	2,3,7,8-四氯二苯并对二噁英	二噁英；2,3,7,8-TCDD；四氯二苯二噁英	1746-01-6	剧毒
2067	3-(1,2,3,4-四氢-1-萘基)-4-羟基香豆素	杀鼠醚	5836-29-3	剧毒
2078	四硝基甲烷		509-14-8	剧毒
2087	四氧化锇	锇酸酐	20816-12-0	剧毒
2091	O,O,O',O'-四乙基二硫代焦磷酸酯	治螟磷	3689-24-5	剧毒
2092	四乙基焦磷酸酯	特普	107-49-3	剧毒
2093	四乙基铅	发动机燃料抗爆混合物	78-00-2	剧毒
2115	碳酰氯	光气	75-44-5	剧毒
2118	羰基镍	四羰基镍；四碳酰镍	13463-39-3	剧毒
2133	乌头碱	附子精	302-27-2	剧毒
2138	五氟化氯		13637-63-3	剧毒
2144	五氯苯酚	五氯酚	87-86-5	剧毒
2147	2,3,4,7,8-五氯二苯并呋喃	2,3,4,7,8-PCDF	57117-31-4	剧毒
2153	五氯化锑	过氯化锑；氯化锑	7647-18-9	剧毒
2157	五羰基铁	羰基铁	13463-40-6	剧毒
2163	五氧化二砷	砷酸酐；五氧化砷；氧化砷	1303-28-2	剧毒
2177	戊硼烷	五硼烷	19624-22-7	剧毒
2198	硒酸钠		13410-01-0	剧毒
2222	2-硝基-4-甲氧基苯胺	枣红色基GP	96-96-8	剧毒

续表

序号	品名	别名	CAS号	备注
2413	3-[3-(4'-溴联苯-4-基)-1,2,3,4-四氢-1-萘基]-4-羟基香豆素	溴鼠灵	56073-10-0	剧毒
2414	3-[3-(4-溴联苯-4-基)-3-羟基-1-苯丙基]-4-羟基香豆素	溴敌隆	28772-56-7	剧毒
2460	亚砷酸钙	亚砒酸钙	27152-57-4	剧毒
2477	亚硒酸氢钠	重亚硒酸钠	7782-82-3	剧毒
2527	盐酸吐根碱	盐酸依米丁	316-42-7	剧毒
2533	氧化汞	一氧化汞；黄降汞；红降汞	21908-53-2	剧毒
2549	一氟乙酸对溴苯胺		351-05-3	剧毒
2567	乙撑亚胺	吖丙啶；1-氮杂环丙烷；氮丙啶	151-56-4	剧毒
2588	O-乙基-O-(4-硝基苯基)苯基硫代膦酸酯[含量>15%]	苯硫膦	2104-64-5	剧毒
2593	O-乙基-S-苯基乙基二硫代膦酸酯[含量>6%]	地虫硫膦	944-22-9	剧毒
2626	乙硼烷	二硼烷	19287-45-7	剧毒
2635	乙酸汞	乙酸高汞；醋酸汞	1600-27-7	剧毒
2637	乙酸甲氧基乙基汞	醋酸甲氧基乙基汞	151-38-2	剧毒
2642	乙酸三甲基锡	醋酸三甲基锡	1118-14-5	剧毒
2643	乙酸三乙基锡	三乙基乙酸锡	1907-13-7	剧毒
2665	乙烯砜	二乙烯砜	77-77-0	剧毒
2671	N-乙烯基乙撑亚胺	N-乙烯基氮丙环	5628-99-9	剧毒
2685	1-异丙基-3-甲基吡唑-5-基N,N-二甲基氨基甲酸酯[含量>20%]	异索威	119-38-0	剧毒
2718	异氰酸苯酯	苯基异氰酸酯	103-71-9	剧毒
2723	异氰酸甲酯	甲基异氰酸酯	624-83-9	剧毒

6.4.3 剧毒化学品危害及管控重要性

由于剧毒化学品危害性大，极易造成公共安全危害，近年来高校和社会上因剧毒化学品导致的案件更是让剧毒化学品管控日趋严格。《危险化学品安全管理条例》、《剧毒化学品购买和公路运输许可证件管理办法》（公安部令第77号）、《剧毒化学品、放射源存放场所治安防范要求》（GA1002—2012）等国家法律法规、标准规范对其生产、储存、运输、使用和废物处置都有明确的规定。生产、科研、医疗等单位经常使用剧毒化学品的，应当向设区的市级人民政府公安部门申请领取购买凭证，凭购买凭证购买，个人严禁购买！剧毒化学品应当在专用仓库内单独存放，设置各种治安防范设施（入侵报警装置、视频监控装置、保卫值班室和监控中心等），并实行双人收发、双人保管制度。

6.5 危险化学品的采购、存储、使用管理安全

6.5.1 危险化学品采购注意事项

采购危险化学品时，应该谨慎。购买危险化学品不仅是经济行为，还是一个安全、环保，甚至涉及法律的问题。申购时应该严格遵守高校实验室关于剧毒、易制爆、易制毒化学品申购的相关规定，同时购买时还应考虑以下问题：

（1）该药品是否是实验必需的，能否用更安全、低毒的试剂替代。

（2）本实验室或者课题组中是否还有未用的该药品。查找一下，或者询问药品管理员或其他同学。尽量避免重复购买。

（3）登录高校实验室化学品管理平台，查找校内可供调剂化学品库内是否有所需的化学品，优先调剂，消耗校内闲置库存。

（4）满足实验需求的最小剂量是多少。不要购买多余的药品，无用的药品不仅占用空间，还可能成为实验室的危险废物。

（5）了解该化学药品的基本物理化学性质及安全特性以及储存和防护措施。本实验室是否具有存储条件和防护设备。

（6）需要购买的药品是否属于易制毒、剧毒或易制爆化学品。国家对这三类化学品的生产、经营、购买、运输和进口、出口实行分类管理和许可制度，购买时应严格按照国家法律、法规执行。

（7）购买渠道是否正规。不要通过非正规渠道购买化学药品，否则出现质量或经济纠纷，不受法律保护。

（8）实验产生的废物的性质和正确处置方法。

6.5.2 危险化学品存储注意事项

1. 一般原则

（1）建立试剂台账：清点存量、避免浪费、合理使用。

（2）做好标识工作：化学试剂、溶液的标签需有信息，比如名称、性质、责任人、时间。

（3）合理存放化学品：①存放点必须通风、隔热、安全；②分类摆放，避免混放，摆放整齐、清洁；③实验室不存放大桶试剂和大量试剂；④不得无盖放置（污染空气）。

（4）及时清理：及时清理销毁过期和废弃的化学品。

2. 不同危险化学品的存放原则

（1）易燃液体：远离火源；阴凉干燥处避光保存；通风良好；不装满瓶；最好保存于防爆冰箱内。

（2）腐蚀液体：选用耐腐蚀材料的药品柜存放试剂，并将腐蚀性液体置于药品柜下方。

（3）剧毒品：放置于保险柜中，双人双锁。

（4）易燃易爆类固体：与易燃物、氧化剂隔离存放，以低温存储，选用防爆材料架。

（5）需低温储存的化学品：应存于10℃以下，如苯乙烯、丙烯腈、乙烯基乙炔、甲基丙烯酸甲酯、氢氧化铵。

（6）特殊存放的化学品：如钾、钠等碱性金属储存于煤油中；黄磷储存于水中；将苦味酸储存在密封且耐腐蚀的容器中，如玻璃瓶、聚乙烯瓶等，以防止泄漏或与其他物质发生反应；镁和铝避潮保存；易潮物和易水解物储存于干燥处，封口应严密；双氧水储存于塑胶瓶中，外包黑纸。常见化学品存放的禁忌物如表6-4所示。

表6-4 常见化学品存放的禁忌物

序号	化学品	存放禁忌物
1	硫酸	铬、高氯酸盐、高锰酸盐
2	硝酸	乙酸、苯胺、铬酸、氢氰酸、硫化氢、易燃性液体与易燃性气体等易燃物质和可硝化物质（其中浓硝酸不能与丙酮、乙醇共存，会发生反应）
3	草酸	银、汞

续表

序号	化学品	存放禁忌物
4	高氯酸	乙酸酐、铋及其合金、乙醇、纸、木材、润滑脂、油
5	氢氰酸	酸类、碱类、氧化剂
6	醋酸	铬酸、硝酸、含羟基化合物、乙烯、甘醇、高氯酸、过氧化物、高锰酸钾
7	铬酸	乙酸、萘、樟脑、甘油、松节油、乙醇和其他易燃物质
8	碱和碱土金属	水、二氧化碳、四氯化碳和其他氯代烃
9	硝酸铵	各类酸、金属粉末、易燃性液体、氯酸盐、亚硝酸盐、硫磺、有机物及易燃性细小颗粒
10	氯酸盐	铵类、各类酸、金属粉末、硫磺以及细碎的有机物、易燃性化合物
11	高氯酸钾	酸（也可参考高氯酸）
12	高锰酸钾	甘油、乙二醇、苯甲醛、硫酸
13	过氧化钠	任何可氧化物质，如乙醇、甲醇、冰醋酸、乙酸酐、苯甲醛、二硫化碳、甘油、乙二醇、乙酸乙酯、乙酸甲酯
14	大部分有机过氧化物	各类酸（有机或矿物）
15	活性炭	次氯酸钙及所有氧化剂
16	二氧化氯	氨、甲烷、磷化氢、硫化氢
17	过氧化氢	金属粉末、有机溶剂、油脂、浓硫酸、盐酸、有机物、氧化剂、还原剂、易燃物质、有毒物质等
18	硫化氢	发烟硝酸、氧化性气体
19	氧气	各类油，润滑脂，氢气，易燃性液体、固体、气体
20	氯气	氨、乙炔、丁二烯、丁烷和其他石油气、氢气、乙炔钠、松节油、苯和细小粒状金属
21	氟气	所有化学品都要隔离，需要单独存放
22	丙酮	浓硝酸和浓硫酸的混合物
23	乙炔	氯气、溴气、氟气、铜（管）、银、汞
24	苯胺	硝酸、过氧化氢
25	银	乙炔、酒石酸、胺类化合物
26	铜	乙炔、过氧化氢、叠氮化合物
27	汞	乙炔、雷汞酸（HONC）和氨

续表

序号	化学品	存放禁忌物
28	碘	乙炔、氨（无水或者含水）
29	磷	苛性碱或者还原剂
30	溴	氨、乙炔、丁二烯、丁烷和其他石油气、乙炔钠、松节油、苯、细小粒状金属
31	氨（无水）	卤素、汞、次氯酸钙和氟化氢
32	烃	卤素、铬酸、过氧化物
33	肼	过氧化氢、硝酸、大部分氧化剂

6.5.3 危险化学品使用管理

（1）严格管理实验室危险化学品，健全危险化学品管理制度。

（2）严格分库、分类存放，严禁混放、混装，规范操作、相互监督。

（3）剧毒品管理：落实"五双"即"双人保管、双人领取、双人使用、双把锁、双本账"的管理制度，剧毒品必须使用专用保险柜。

①剧毒品的使用须有详细的领用、使用、用量、归还记录，并经保管人签名确认；

②学生使用剧毒品须由老师带领，临时工作人员不得使用剧毒品；

③必须佩戴个人防护用品，在通风橱中操作，做好应急处理预案。

（4）提倡绿色化学、建设环境友好型的化学实验室。

①不用——改用无毒试剂（替代苯、汞、汞盐、氯仿等）；

②少用——尽量少用有毒、有害化学试剂，改用少量或半微量型实验；

③少产——回收、提纯再利用（苯、乙醚、石油醚、丙酮等）；

④少排——危险废气通过吸收装置后排放（氯气、浓盐酸、氨等）。

（5）使用前：识别危险，研读化学品安全说明书、实验内容，做好风险评估，做好防护准备、实验室准备、安全防护培训。

（6）使用中：穿戴个人防护装备并严格按规程操作，认真观察记录，不擅自离岗。

（7）实验结束：按规定分类收集废物并记录相关信息后，将废物移交给有资质的公司处理；做好自身清洁，不带污染物离开。

第7章
生物安全基础知识

实验室的生物安全是实验室安全管理的重点和难点，尤其是病原微生物，具有看不见摸不着的特点。SARS、高致病禽流感和新冠疫情的暴发与流行，使各国政府和国际社会对生物安全问题有了更多的认识和关注。实验室生物安全已经由原来的安全隐患变成可怕的现实危害。实验室生物安全涉及的不仅仅是某个实验室的安全及工作人员的个人健康，一旦发生事故，极有可能给人类社会、动物、植物乃至整个自然界带来不可预估的危害和影响。因此，实验室生物安全问题亟待解决且事关重大，实验室人员必须学习生物安全基本知识和理论，做好个人防护，熟悉实验室标准操作程序和突发事件应急处置方案后方可进入实验室。

本章内容包括实验室生物安全的基础知识、生物实验室的安全监管、生物实验室的个人防护和各级生物实验室的个人防护要求4个方面，主要从国家相关法律法规的落实、生物安全良好行为规范的养成、一些强制要求的监督检查等方面提出了意见建议和要求。

7.1 实验室生物安全的基础知识

7.1.1 生物安全的定义

生物安全是指自然生物、人工生物及其产品对人类健康和生态环境可能产生的潜在风险的防范和现实危害的控制，目的是既要保证实验研究的科学性还要保护被实验因子免受污染。涉及的内容主要有重大传染病、实验室生物安全、流行病及公共健康管理、转基因生物和有害外来物种入侵、生物技术安全、食品安全、危险病原体及生化毒素的管理等领域。

7.1.2 生物安全实验室的分类

生物安全实验室，也称生物安全防护实验室，是通过防护屏障和管理措施，能够避免或控制被操作的有害生物因子危害，达到生物安全要求的生物实验室和动物实验室。

依据实验室所处理对象的危害程度,把生物安全实验室分为四级,其中一级对生物安全隔离的要求最低,四级最高。生物安全实验室的分级如表7-1所示。

表7-1 生物安全实验室的分级

实验室分级	处理对象
一级	对人体、动植物或环境危害较低,对健康成人、动植物不具有致病因子
二级	对人体、动植物或环境具有中等危害或具有潜在危险的致病因子,对健康成人、动物和环境不会造成严重危害,具有有效预防和治疗措施
三级	对人体、动植物或环境具有高度危险性,主要通过气溶胶使人感染上严重的甚至是致命的疾病,或对动植物和环境具有高度危害的致病因子。通常有预防治疗措施
四级	对人体、动植物或环境具有高度危险性,通过气溶胶途径传播或者传播途径不明,具有未知的、危险的致病因子,没有预防治疗措施

7.2 生物实验室的安全监管

7.2.1 一般性要求

(1)应在实验室门口张贴生物危害警告标志(图7-1),标明所使用的传染性病原体、实验室负责人的姓名和联系电话,并标明进入实验室的具体要求;

(2)生物实验室的相关实验人员须经过相关机构培训,取得证书,持证上岗;

(3)根据生物实验室的不同级别要求配备恰当的个人防护装备,人员进入实验室前须做好个人防护工作,正确使用防护装备;

(4)在实验室所在的建筑内配备高压蒸气灭菌器或其他恰当的消毒设备;

(5)开展高致病性微生物的研究必须在三级或者四级生物实验室进行,同时开展的项目须报省级卫生、农业部门审核批准,其他病原微生物也必须在一级或者二级生物实验室进行;

(6)实验涉及生物危害因子的须在生物安全柜中进行或其他防护设施中进行;

(7)安全保存菌、毒种等生物活性实验材料,同时严格监控,设立台账,记录使用情况,实行双锁制度。

图7-1 生物危害警告标志

7.2.2 动物实验管理

1. 实验动物许可管理

实验动物的生产和使用实行许可证制度（审批单位：省科技厅）。

2. 实验动物使用要求

（1）动物实验必须在具有实验动物使用许可证的场所进行。

（2）实验动物必须有动物供应部门提供的实验动物质量合格证明，严禁从无实验动物质量合格证明的单位或从农贸市场购买动物作为实验动物。

（3）使用实验动物进行动物实验时，应善待动物；动物实验方案设计应该遵循"3R原则"，即减少（reduction）、代替（replacement）、优化（refinement）原则；手术时进行必要的无痛麻醉，做完实验后动物要进行安乐死。

（4）实验动物的尸体、组织及感染性排泄物（包括垫料）须放置在指定的存放室，交由有资质的公司回收、进行无害化处理，严禁混入生活垃圾处理。

7.2.3 生物废物的处置

生物安全实验废物是指将要丢弃的所有物品，如动物组织、器官、尸体、一般生化固体废物（移液管枪头、刀片、废纸）、一次性手套等。这些废物需要进行分类处理，不可与生活垃圾混放。生物安全实验废物的处置原则是所有感染性材料必须在实验室内清除污染、高压灭菌、焚烧或者交由医疗废物处置单位处置。不同类型的废物的处置如下：

（1）生物活性实验材料：实验废弃的生物活性实验材料，特别是细胞和微生物（细菌、真菌、病毒等）必须及时灭菌和消毒处理。

（2）固体培养基等要采用高压灭菌处理，未经有效处理的固体废物不能作为日常垃圾处理。

（3）液体废物如菌液等需用15%次氯酸钠消毒30 min，稀释后排放，最大限度地减轻对周围环境的影响。

（4）动物尸体或被解剖的动物器官需及时进行妥善处理，禁止随意丢弃：须按要求消毒，并用专用塑料袋密封后冷冻储存，统一送有关部门集中焚烧处理。严禁随意堆放动物排泄物，与动物有关的垃圾必须存放在指定的塑料垃圾袋内，并及时用过氧乙酸消毒处理后方可运出。

（5）实验器材与耗材：吸头、吸管、离心管、注射器、手套及包装等塑料制品应使用特制的耐高压超薄塑料容器收集，定期灭菌后回收处理。

（6）废弃玻璃制品和金属物品应使用专用容器分类收集，统一回收处理。

（7）注射针头用过后不应再重复使用，应放在盛放锐器的一次性容器内焚烧。如需要可先高压灭菌。盛放锐器的容器不能装得过满（不超过四分之三）。

（8）高压灭菌后重复使用的污染（有潜在污染性）材料必须在高压灭菌或消毒后再进行清洗才可重复使用。

（9）应在每个工作台上放置盛放废物的容器、盘子或广口瓶，最好是不易破碎的容器（如塑料制品）。当使用消毒剂时，应使废物充分接触消毒剂（即不能有气泡阻隔），并根据使用的消毒剂的不同保持适当接触时间。盛放废物的容器在重新使用前应高压灭菌并清洗。

7.3 生物实验室的个人防护

7.3.1 个人防护装备的总体要求

使用个人防护装备是为了减少实验人员暴露于气溶胶、喷溅物以及意外接种等危险而设立的一个物理屏障，以防止实验人员受到工作场所中物理、化学和生物等有害因子的伤害。实验人员应结合工作的具体性质，按照不同级别的防护要求选择恰当的防护装备。

1. 选择合格产品

实验人员选择的任何个人防护装备应符合国家有关标准。同时，实验人员应接受关于个人防护装置的选择、使用、维修等方面的指导和培训，对个人防护装备的选择和维护应有明确的书面规定、程序和使用指导，形成标准化体系。

2. 使用前验证

个人防护装备使用前应仔细检查，不使用标识不清、破损和泄漏的个人防护用品，保证个人防护的可靠性。

3. 个人防护装备的净化和消毒

为了防止个人防护装备被污染而携带生物因子，所有在致病微生物实验室使用过的个人防护装置均应视为已被污染，应进行净化和消毒后再作处理。实验室应制定严格的个人防护装备去污染的标准操作程序并严格执行。同时，所有个人防护装备不可带离实验室。

4. 个人防护的易操作性和舒适性

个人防护要适宜、科学。在危害评估的基础上，按不同级别的防护要求选择恰当的个人防护装备。在确保个人防护水平高于实验人员免受伤害所需要的最低防护水平的同时，也要避免个人防护过度，造成操作不便甚至有害健康。

7.3.2 生物实验室个人防护装备

在实验室工作中，个人防护所涉及的防护部位主要包括：眼睛、头/面部、躯体、手足、耳（听力）以及呼吸道，个人防护装备包括眼镜（安全镜、护目镜）、口罩、面罩、防毒面具、防护帽、手套、防护服（实验服、隔离衣、连体衣、围裙）、鞋套以及听力防护器等。表7-2汇总了在实验室中使用的一些个人防护装备及其所能提供的保护。

表7-2 个人防护装备及其提供的保护

装备	避免的危害	安全性特征
实验服、隔离衣、连体衣	污染衣服	背面开口，罩在日常服装外
塑料围裙	污染衣服	防水
鞋袜	碰撞和喷溅	不露脚趾
护目镜	碰撞和喷溅	防碰撞镜片（必须有视力矫正或外戴视力矫正眼镜），侧面有护罩
安全眼镜	碰撞	防碰撞镜片（必须有视力矫正），侧面有护罩
面罩	碰撞和喷溅	罩住整个面部，发生意外时易于取下
防毒面具	吸入有害气体、颗粒物、蒸气或烟雾等危险物质	防毒面具的核心功能是过滤有害物质，有效阻挡颗粒物和有害气体进入呼吸道。合格的防毒面具应配备高效的过滤器或滤芯，能够对特定的有害物质进行有效过滤
手套	直接接触微生物	得到微生物学认可的一次性乳胶、乙烯树脂或聚腈类材料的保护手套

7.4 各级生物实验室的个人防护要求

个人防护的内容包括防护用品和防护操作程序。所有实验室人员必须经过个人防护的必要培训，考核合格获得相应资质，熟悉所从事工作的风险和实验室特殊要求后方可进入实验室工作。生物实验室应按照实验室等级实施相应的个人防护。不同生物安全等级的实验室的防护要求如表7-3所示。

表7-3 生物安全实验室的防护要求

分级	实验室类型	基本防护
一级	基础实验室（基础教学、研究）	一般不需要特殊的个体防护装备和隔离设施；穿工作服，必要时戴手套和护目镜
二级	基础实验室（初级卫生服务诊断、研究）	配备生物安全柜；穿工作服，处理可能致病的感染性材料时必须戴手套，必要时采用面部防护
三级	防护实验室（专门特殊诊断研究）	具有屏障设施和生物安全柜；严格穿戴个人防护装备，包括特殊防护服、护目镜、N99口罩、双层手套、胶鞋等
四级	最高防护实验室（危险病原体研究）	具有屏障设施和生物安全柜；穿正压防护服

第8章

实验废物的处置与管理

实验废物是指实验过程中产生的三废物质（废气、废液、固体废物）、实验剧毒物品、麻醉品、化学药品残留物、放射性废物、实验动物尸体及器官、病原微生物标本及对环境有污染的废物。与工业三废相比，实验废物数量上较少，但其种类多、成分复杂，具有多重危险危害性，如燃、爆、腐蚀、毒害等。由于不便集中处理，实验废物处理成本高、风险大。因此，必须加强对实验废物的管理，正确处置、处理实验废物。

我国颁布了多项法律法规，如《中华人民共和国环境保护法》《中华人民共和国固体废物污染环境防治法》《中华人民共和国水污染防治法》《病原微生物实验室生物安全环境管理条例》，以及《废弃危险化学品污染环境防治办法》（国家环境保护总局令第27号）等，从法律、制度上来保证和规范对实验废物的管理。

8.1 实验废物的一般处置原则

8.1.1 处理实验废物的一般程序

处理实验废物的一般程序可分为下述四步：
①鉴别废物及其危害性；
②系统收集、储存实验废物；
③采用恰当的方法处理废物以及减少废物的数量；
④正确处置废物。

8.1.2 实验废物的鉴别

实验废物及其危害性的鉴别对实验废物的收集、存放、处理至关重要。

了解实验废物的组成及其危害性为正确处置这些废物提供了必要的信息。平时实验过程中应注意熟悉各类物质的危害特性，并且养成做好已知成分废物的标记的习惯，不论废物的量是多少，在盛放废物的容器上标明它的成分及可能具有的危害性及储存时间，这将为安全处置废物提供便利。不同的废物其收集、存储、处理的注意事项不同。可以按照如图8-1所示的方法对实验废物进行鉴别。

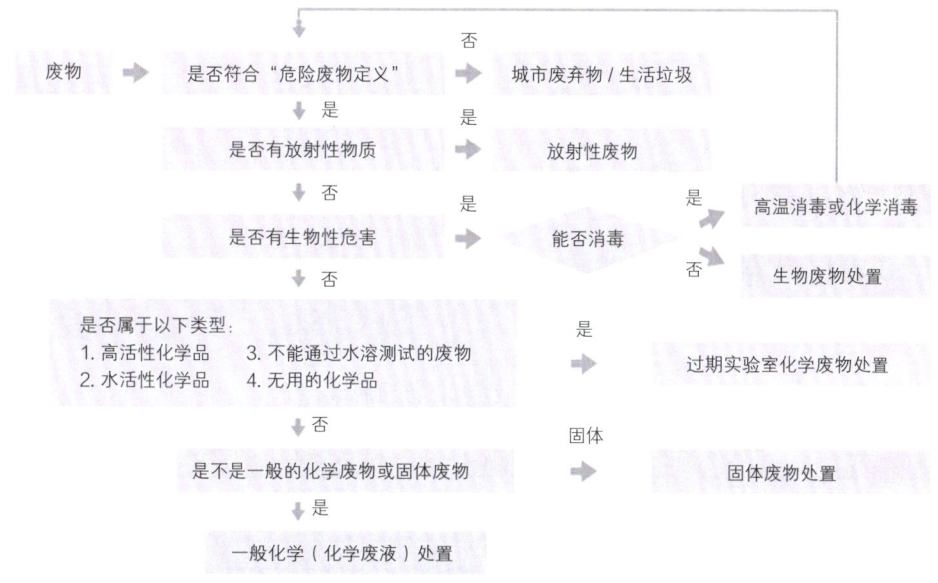

图8-1 鉴别实验废物流程图

8.1.3 实验废物的收集及存储一般原则

在实验废物处置过程中，不可避免地涉及收集和储存的问题。在废物收集和储存的过程中应注意下面的问题：

（1）使用专门的储存装置，放置在指定位置。

（2）相容的废物可以收集在一起，不具相容性的实验废物应分别储存。切勿将不相容的废物放置在一起。

（3）做好废物的标签，将标签牢固地贴在容器上。标签的内容应包括：组分及含量、危害性、开始存储日期及地点、存储人及电话。

（4）废物存储时间不宜过长。一般不要超过一年。应及时做无害化处理或送专业部门处理。

（5）对感染性废物或有毒有害生物性废物，应根据其特性选择合适的容器和地点，专人分类收集进行消毒、烧毁处理，且需日产日清。

（6）对无毒无害的生物性废物，不得随意丢弃，实验完成后将废物装入统一的塑料袋，将塑料袋密封后贴上标签，存放在规定的容器和地点，定期集中深埋或焚烧。

（7）高危类剧毒品、放射性废物必须按照相关管理要求单独管理储存，单独收集清运。

（8）回收使用的废物容器一定要清洗后再用，废弃不用的容器也要作为废弃物处置。

8.2 化学废物的管理与处理

8.2.1 化学废物的范畴

化学废物的范畴如表8-1所示。

表8-1 化学废物的范畴

酸碱性废物	有机废物	其他废物
浓度大于5%的氟硼酸	非卤代有机溶剂及其化合物	颜料
浓度大于0.1%的氢氟酸	有机硒化合物	除磷酸盐外的含磷化合物
浓度大于5%的磷酸	有机汞化合物	铊及其化合物
浓度大于10%的甲酸	有机铅化合物	锌化合物
浓度大于8%的硝酸		酸、碱金属和腐蚀性化合物
浓度大于10%的乙酸		镍及其化合物
酸或酸性溶液，酸度相当于浓度在5%以上的硝酸的酸溶液		杀虫剂
浓度大于1%的铬酸		硒化合物
浓度大于5%的盐酸		锡化合物
浓度大于5%的高氯酸		制药产品和药品
含5%以上的活性氯		银化合物
浓度大于1%的氢氧化钾溶液		钒化合物
浓度大于10%的氨水		
碱或碱性溶液，碱度相当于浓度在1%以上的氢氧化钠的碱溶液		

8.2.2 化学废物的安全收集

1. 简易鉴定分类原则

鉴别实验室化学废物流程如图8-2所示。

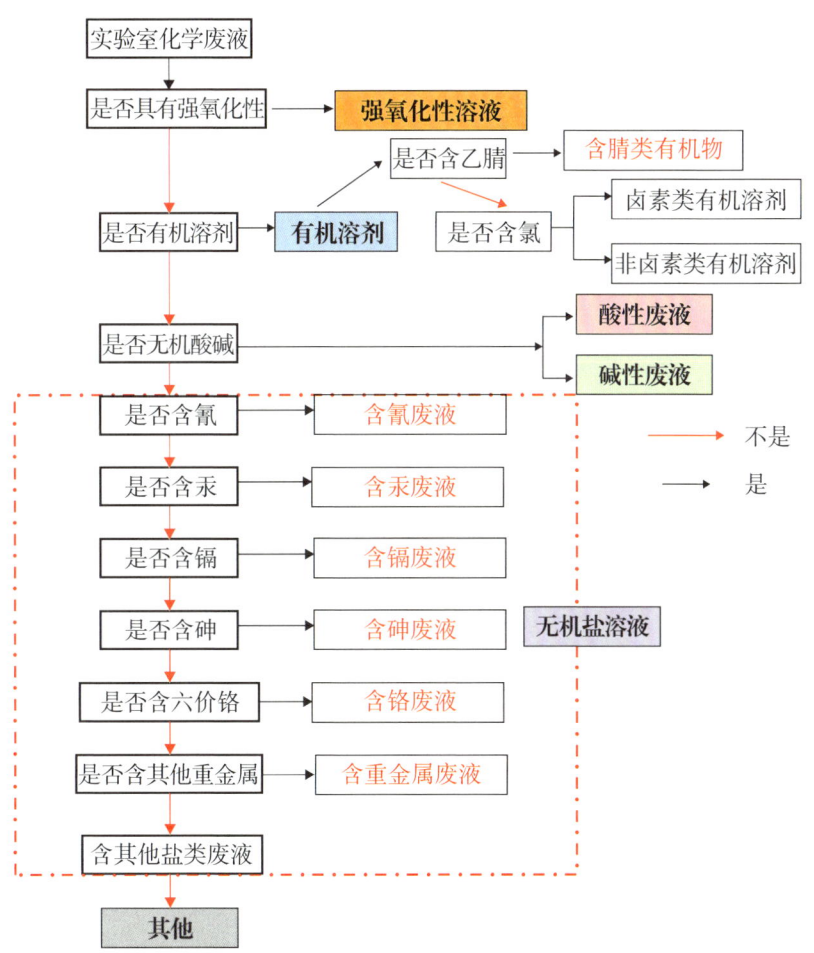

图8-2 鉴别实验室化学废物流程图

2. 收集容器

收集容器应满足以下要求：

①应当使用符合标准的容器盛装危险废物；

②装载危险废物的容器及材质应当满足相应的强度要求；

③装载危险废物的容器应当完好无损；

④装载危险废物的容器的材质和衬里要与危险废物相容（不互相反应）；

⑤液体危险废物可注入开孔直径不超过70 mm并有放气孔的桶中。

8.2.3 化学废物的存储

化学废物存储的注意事项：选择合适容器和存放地点，存放地点要有相应的警示标志（如图8-3）；废物容器标签应注明：种类、时间；分类收集（如图8-4），隔离存放，禁止混放。

各类化学废物容器选择原则如下：

（1）卤代溶剂类废物容器：收集含卤的有机溶剂（如三氯甲烷、四氯乙烯、二氯甲烷等）和其他含卤的有机化合物。

（2）非卤代溶剂废物容器：收集不含卤的有机溶剂及其他化合物，如丙酮、乙烷、石油醚。

（3）无机酸放入无机酸类废物容器，有机酸放入有机酸类废物容器。二者均应远离：①活泼金属，如：钠、钾、镁；②氧化物及易燃有机物；③混合后产生有毒气体的物质，如氰化物、硫化物、碳化物。

（4）碱类废物容器：收集氢氧化钠、氢氧化钾、氨水等，存储时应远离酸及一些性质活泼的药物。

（5）氰化物类废物容器：此容器中的废物务必保持强碱性，以免有氢氰酸气体逸出。

（6）氢氟酸类废物容器：若现场没有此类容器，且此废物量又少（小于无机酸废物体积的30%），可在无机酸废物容器中处置。

（7）含硼和六价铬溶液容器：对于含硼和六价铬的废液，实验室要为它们设计专用的螺纹口玻璃瓶、铁盖压口玻璃瓶、塑料瓶或金属桶（罐）来存储。

（8）凝胶状废物容器：用来盛装凝胶废物，如聚丙烯酰胺或者琼脂糖凝胶。

（9）滑剂类废物容器：收集泵油、润滑剂、液态烷烃、矿物盐等。

（10）有机酸类废物容器：用来收集废有机酸。如有机酸的量较少（少于4L/月），允许在非卤溶剂和卤代溶剂废物容器中处理。

图8-3 危险废物警示标志

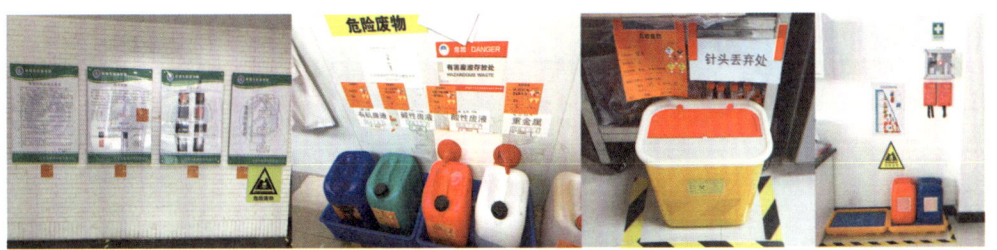

图8-4 废弃化学品存储规范示例

各类化学废液存储禁忌如表8-2所示。

表8-2 化学废液存储禁忌表

类别	定义	禁忌
有机废液	（1）油脂类：由实验室产生的废弃油脂，例如：灯油、轻油、松节油、润滑油等。 （2）含卤素类有机溶剂类：由实验室所产生的废弃溶剂，该溶剂含有脂肪族卤素类化合物，如氯仿、氯代甲烷、二氯甲烷、四氯化碳；或含芳香族卤素类化合物，如氯苯、苯甲氯等。 （3）非卤素类有机溶剂类：由实验室所产生的废弃溶剂，该溶剂不含脂肪族卤素类化合物或芳香族卤素类化合物	不可混入酸、碱性物质，强氧化剂，碱金属（如钠、钾），亚硫酸二甲酰，塑料，橡胶及其他对处理过程造成妨碍之物质
废酸液	教学、科研活动产生的酸性废液，如：硝酸、硫酸、盐酸等	不可混入碱性物质、金属、有机物质、混入后会产生有毒气体之物质（如氰化物、硫化物等）、还原剂、氧化剂、爆炸物、溴化物、碳化物、硅化物、磷化物及其他对处理过程造成妨碍之物质
废碱液	教学、科研活动产生的碱性废液，如：氢氧化钠、氢氧化钾、氨水等	不可混入有机物质、酸性物质、金属、过氧化物及其他对处理过程造成妨碍之物质

续表

类别	定义	禁忌
无机盐废液	（1）含重金属废液：由实验室所产生的、含有任一类重金属（如铁、钴、铜、锰、铅、银、锌等）的废液。 （2）剧毒类废液：如含汞废液、含砷废液、含氰废液、含镉废液。 （3）含其他盐类废液	（1）含汞废液：避免混入有机物质、碱性物质、钾、钠、镁、锑、砷、硼砂、铜、铁、铅、蚁酸盐、硫酸盐、磷酸盐、次磷酸盐、碳酸盐、氨、硫化物、溴化物、生物碱盐、石灰水、单宁酸及其他对处理过程造成妨碍之物质。 （2）含氰废液：避免混入酸性物质、有机物质、强氧化剂（如：硝酸盐、亚硝酸盐、过氧化物及氯酸物等）、汞、氯、溴、会引起爆炸与产生有害气体及恶臭等成分、其他对处理过程造成妨碍之物质。 （3）含镉废液：避免混入有机物质、强酸、金属、金属盐、还原剂、磷及其他对处理过程造成妨碍之物质。 （4）含六价铬废液：避免混入有机物质、碱性物质、金属、金属盐、还原剂、磷、蚁酸盐、硫酸盐、磷酸盐、次磷酸盐、碳酸盐、氨、硫化物、溴化物、生物碱盐、石灰水、硼砂、单宁酸及其他对处理过程造成妨碍之物质
强氧化性溶液	由实验室产生的强氧化性溶液：如高锰酸钾、高氯酸、硫酸、硝酸、重铬酸钾、次氯酸钠、过氧化物（如H_2O_2）、过硫化物（如过硫酸钾）、次氯酸盐、硝酸盐、带有不饱和键的有机物等	此类废液应单独倒入废液桶内，严禁与具有强还原性的物质、其他有机物置于同一废液桶内

8.2.4 化学废物的回收流程

（1）所有待回收的废弃化学品，均应妥善保管在实验室内，不可放置在过道、走廊等公共场所。

（2）所有待回收处理的化学品均须有标签，瓶盖拧紧且外包装完好，并在外包装上粘贴分类标签或回收明细表及橘黄色"危险废物"专用标签。

（3）回收当日，将包装好的废弃化学品搬到指定回收点，有序等待回收，并遵守现场工作人员安排。

8.3 放射性废物的管理与处理

放射性废物的处置流程如图8-5所示。

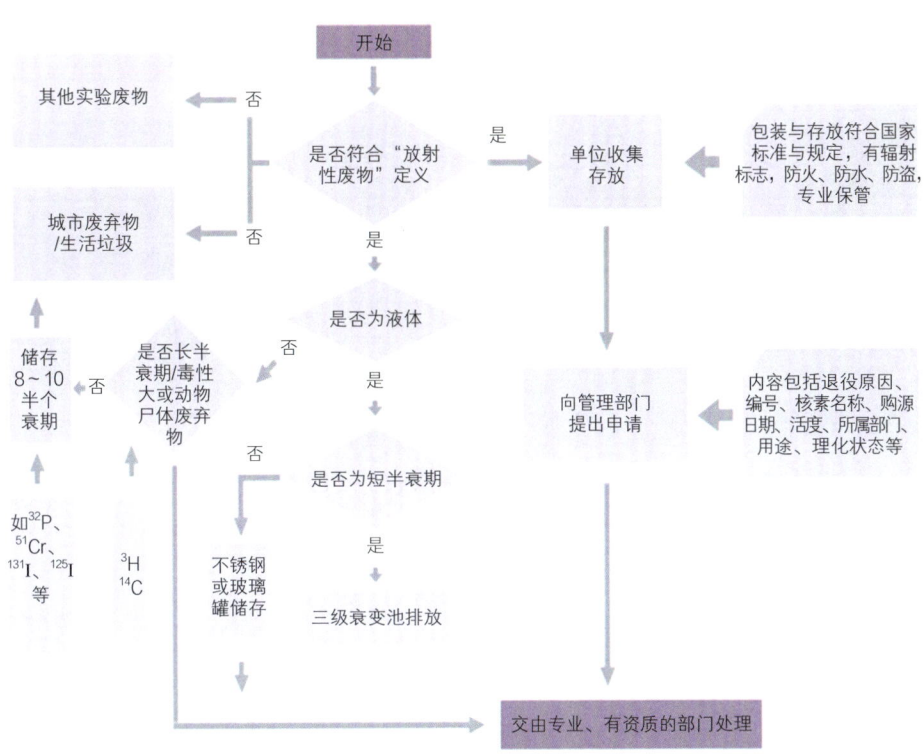

图8-5 放射性废物处置流程图

8.4 生物废物的管理与处理

生物废物的处理原则如下：

（1）严禁将生物废物同生活垃圾混放；

(2) 生物废物需按照规定收集；

(3) 一般要求日产日清；

(4) 有感染风险的废物需先进行杀菌消毒处理。

生物废物的处置流程如图8-6所示。

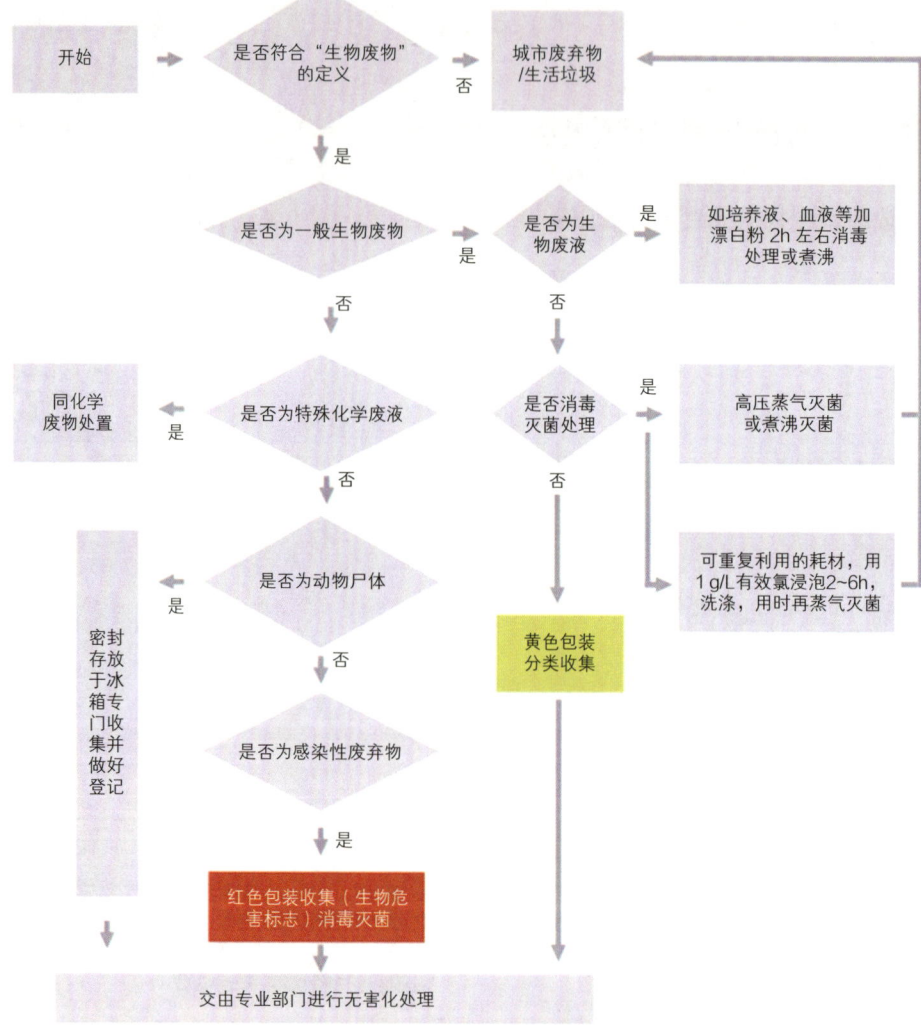

图8-6　生物废物处置流程图

第 9 章

实验室事故应急处置

应急预案被广泛应用于自然灾害、重特大事故、公共突发事件等,甚少应用于实验室管理中,但是实验室是高校、研究所、医院和检测机构等组织的重要组成部分,也是事故(如危险化学品泄漏、有毒气体泄漏等)可能发生的地方,并且随着高等院校和科研院所高水平实验室的建设,大量精密设备逐步投入科学研究,保障实验室的人员和财产安全、避免科研成果不必要的损失,建立标准化的实验室管理应急预案迫在眉睫。本章旨在阐述建立实验室标准化应急预案,包括实验室应急设施与事故应急预案、应急准备、事故报告程序、常见事故发生原因分析和实验室各类事故应急处置等方面内容,为高等学校及科研院所的实验室建设提供参考。

9.1 实验室应急设施与事故应急预案

9.1.1 实验室应急设施

实验室应急设施包括个人防护用具和安全应急设施。

个人防护用具包括护目镜、口罩、实验服、防护手套等,具体已在"1.6 实验室个体防护"做了详细介绍,实验室安全应急设施包括表9-1所列安全应急器具和消防设施(其中紧急冲淋装置如图9-1所示,应急吸附棉如图9-2所示)。在个人进入实验室工作前,务必检查这些器具和设施是否完备。

表9-1 实验室安全应急器具和消防设施

安全应急器具	消防设施
洗眼器	防火毯
急救药箱	灭火沙箱
化学品安全技术说明书(MSDS)	火灾报警系统
防溢吸收棉	烟雾报警器

续表

安全应急器具	消防设施
通风橱	应急灯
紧急冲淋装置	阻燃防爆箱
用于运送化学药品的专用提篮	防护墙或防护掩体
盛放碎玻璃或尖锐物的容器	警示信号和标志

图9-1 紧急冲淋装置

图9-2 防溢吸附棉

学校各重点化学类实验大楼配备了黄色的实验室事故应急柜,用于应对相关实验室安全事故个体防护和应急处置。事故应急柜由学院管理员进行物品定期盘点和补充,实验室师生应事前充分熟悉和掌握相应防护用品及处置设施的使用方法,以备应急时熟练使用。事故应急柜配备的应急防护用品清单及用途见表9-2。

表9-2 应急防护用品清单及用途

序号	物品	图片	数量	用途
1	创伤应急包		1套	用于实验室受伤的简单急救
2	安全帽		2顶	用于可能发生坠物环境的头部防护
3	半面罩呼吸防护器		2套	适用于实验室应急等C、D级个体呼吸防护,需组合滤毒盒及过滤棉片使用
4	全面罩呼吸防护器		2套	适用于实验室应急等C级个体呼吸及眼、面部防护,需组合滤毒盒及过滤棉片使用

第 9 章　实验室事故应急处置

续表

序号	物 品	图片	数量	用 途
5	滤毒盒+过滤棉片		2对	化学品蒸气、粉尘呼吸防护。使用时闻到气体味道或呼吸阻力增大时需更换（应注意滤毒盒型号选择）
6	小扫把+簸箕组合		1套	用于尖锐物品、散装固体物品的收集、清扫
7	防化学品披肩帽		2件	用于辅助保护头颈部皮肤免于化学品接触
8	防化学品眼罩		2副	用于化学品飞溅眼部防护
9	防化服		2套	多种高浓度无机化学品的防护及生物制剂的防护。应注意用后的清理和检查
10	一次性防化鞋套		2对	用于防轻度化学废液的飞溅及应急处理。应避免与尖锐鞋子部件接触
11	防化靴		2双	用于少量低浓度化学品的脚部防护
12	实验室大褂		2件	用于正常实验操作的身体简单防护。不建议应急处理时使用
13	防化丁腈手套		10双	用于实验室化学品的手部防护（不要接触酮类化学品、硝酸等强氧化剂和某些有机溶剂）
14	一次性丁腈手套		20双	一次性化学品液体防护手套，可用于正常实验室操作，或应急时辅助内层防护
15	遮蔽胶带		1卷	用于袖口等防护用品连接处的缝合密闭
16	医用方盘托盘		1个	用于盛放小件沾染化学品物品
17	500 g分析纯碳酸氢钠		1瓶	用作酸、碱中和剂，约可中和量：98%硫酸162 mL，38%盐酸484 mL，70%硝酸377 mL，85%磷酸366 mL；NaOH 238 g，KOH 333 g
18	pH试纸		1本	用于检测清理后有无酸、碱残留
19	通用化学品吸附棉		1箱	用于化学品泄漏的围蔽、吸收处置

续表

序号	物品	图片	数量	用途
20	防化垃圾袋		5个	用于危险化学品废物的收储
21	化学品垃圾桶		2个	用于危险化学品废物的收储
22	危废废物标签		10张	用于处理后的化学废物的标识
23	警戒线		1卷	用于警戒围蔽
24	化学品泄漏警示牌		1个	用于隔离区域警示
25	管理登记表（清单）		1个	用于应急柜内物品的定期检查、盘点

9.1.2 实验室事故应急预案

应急预案又称应急计划，是针对可能的重大事故或灾害，为保证迅速、有序、有效地开展应急与救援行动、降低事故损失而预先制订的有关计划和方案。它是在辨识和评估重大危险、事故类型、发生的可能性、发生过程、事故后果及影响严重程度的基础上，对应急机构与职责、人员、技术、装备、设施（备）、物资、救援行动及其指挥与协调等方面预先作出的具体安排。它明确了在突发事件发生之前、发生过程中以及刚刚结束之后，谁负责做什么、何时做以及相应的策略和资源准备等。每个实验室中都张贴有事故应急预案，在进入实验室时要首先阅读应急预案，了解事故发生后的应急程序，包括如何报警、控制灾害、疏散、急救等。

9.2 实验室应急准备

9.2.1 高风险实验风险评估

实验室师生应对本团队或实验室存在的经典实验或实验单元进行实验过程风险分析，对实验过程中存在的化学品、微生物、实验气体、设备等进行固有危险源分析，对实验活动中产生的危险及其应对措施进行分析，明确实验过程中需要配备的个人防护用品和应急设施，并注明废物处置要求。该风险评估应该由实验室负责人主持，该实验室师生参与。具体分析步骤可分为以下几步：

（1）筛查、建立团队或实验室所应用（或可能采用）的实验清单；

（2）分类整理，确定经典实验或实验单元类型清单；

（3）确定经典实验或实验单元方案，包括所应用到的化学品、仪器设备等；

（4）利用"实验安全风险评估表"对经典实验或实验单元进行分析；

（5）实验安全风险评估结果审核确认；

（6）根据实验安全风险评估结果建立经典实验操作标准操作流程（SOP）及相应的应急程序；

（7）将经典实验风险评估结果和SOP作为实验室准入培训材料存档，定期更新。

不同实验室可能有不同的实验安全风险评估工具或表格，表9-3给出了一个实验安全风险评估表供参考，各类实验室可根据学科和实验特点进行调整。

表9-3 实验安全风险评估表

学院：	团队名称：
实验地点：	实验人员：
指导老师：	安全分析参与人员：
评估有效期：202__年___月___日— 202__年___月___日	审核（实验室负责人）：
实验名称及简要描述（简要描述实验原理，列出实验步骤，可附流程图、实验方案）： 实验原理： 实验步骤： 实验规模： 工艺流程图： 使用到的原料、设备、化学品、气体等：	
实验周期（几小时、几天、几周、几个月、仅一次）：	

续表

使用到的危险化学品、有害微生物、气体、危险设备的放置、使用方法及风险：				
危险源类别	危险源	危险特性 剧毒、易制毒、易制爆、放射性、麻醉、有害微生物、气瓶、设备等	使用情况 危险源的安全使用方法及防护措施	注意事项

实验过程的风险分析：				
实验单元 /典型实验 /实验步骤	操作危险源 危化品、有害微生物、压力容器、高/低温设备、高转速设备、辐射、机械设备等	操作风险分析 化学品或微生物危险性，产气反应（可燃、封闭空间），设备在运行中可能出现的问题	防护措施	意外事故应急 爆炸、火灾、有害微生物处置等

实验过程中是否有爆炸和火灾危险？＿＿＿＿＿＿＿＿＿＿＿＿＿＿＿＿＿＿＿＿
如果有，如何预防不发生？一旦出现紧急情况，如何处理？

续表

是否接触病毒、细菌等有害微生物？采用何种灭活方法？
是否接触辐射类设备或物质？如有，采用何种防护措施？
实验过程中是否有可能发生其他应急情况？一旦出现，应如何处理？

个人防护：

实验室		个人防护	
通风橱	□	实验服/防护服	□
手套箱/隔音器	□	手套	□
局部通风	□	手套类型：	□丁腈 □丁基 □乳胶 □防烫 □绝缘 □其他
泄漏报警	□	护目镜	□
报警类型：	□烟/温感 □可燃 □有毒 □氧含量 □其他	紧急喷淋洗眼装置	□洗眼 □喷淋 □复合式喷淋洗眼 □其他_____
化学品存储要求：_____		呼吸系统防护用具	□半面罩 □全面罩 □随弃式
实验监控/值守要求：_____		面罩类型：	□防尘 □防有机蒸气 □防酸性气雾 □其他_____
生物安全柜或超净台 □			
请说明是否需要其他防护？ 需要/不需要 （若需要请列出，如特殊辐射、高危化学品、特殊危害病菌等）			

废物处置：

含卤素试剂	□	废酸（除HF）	□	强氧化剂	□
非卤素试剂	□	HF	□	活泼金属及其有机物	□
已灭活的生化废物	□	尖锐器物	□	放射性废物	□

续表

| 其他废物　　若有请列出 |
| 不能混合的废物　　若有请列出 |
| （废物处理方法可查阅化学品安全技术说明书） |
| 实验室安全培训现场照片： |
| |

注：此安全分析报告只针对上述实验过程，如有任何实验（配方&工艺）变更、放大实验须再次进行实验过程风险评估（可在实验方案或实验记录本中着重对变化部分及其影响范围进行风险评估）。

9.2.2 为火警准备

（1）熟悉实验室周围的安全逃生通道；

（2）了解火警警报及灭火器的位置，确保可以迅速使用灭火器具；

（3）切勿乱动任何火警探测或者灭火装置；

（4）保持所有防火门关闭。

9.2.3 为实验室紧急事件准备

（1）使用化学品前，须详细查阅化学品安全技术说明书（MSDS）；

（2）登录实验室与设备管理处实验室安全管理平台学习相关安全知识；

（3）熟知实验室内安全设施所在位置；

（4）准备恰当且充足的急救物资；

（5）了解所用物品的潜在危险性，严格按照实验室操作规程实验；

（6）进入实验室前须接受实验操作培训和实验室安全教育；

（7）若对某种做法是否安全有怀疑，最好采取保守做法（响起警报、离开实验室），把处置工作留给专业人员。

9.2.4 为损伤准备

（1）学习简单的急救方法；

（2）熟知紧急喷淋和洗眼器位置；
（3）确保急救药物器具充足有效，必要时准备特殊解毒剂；
（4）如需要使用氢氟酸或者氰化物等有毒物时，须先学习如何使用解毒剂。

9.3 实验室事故报告程序

实验室事故报告程序如图9-3所示。

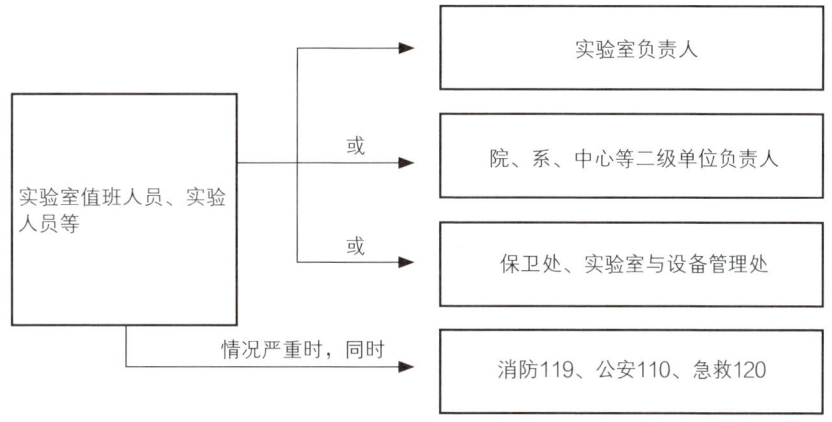

图9-3 高校实验室事故报告程序

9.4 实验室常见事故发生原因

9.4.1 火灾

火灾性事故的发生具有普遍性，几乎所有的实验室都可能发生：
（1）忘记关电源，致使设备或用电器具通电时间过长，温度过高，引起着火；
（2）操作不慎或使用不当，使火源接触易燃物质，引起着火；
（3）供电线路老化、超负荷运行，导致线路发热，引起着火；
（4）乱扔烟头，使其接触易燃物质，引起着火。

9.4.2 爆炸

爆炸性事故多发生在具有易燃易爆物品和压力容器的实验室：
（1）违反操作规程，引燃易燃物品，进而导致爆炸；
（2）设备老化，存在故障或缺陷，造成易燃易爆物品泄漏，遇火花而引起爆炸；

（3）粉尘爆炸、气体爆炸。

9.4.3 触电

（1）违反操作规程，乱拉电线等；
（2）因设备设施老化而存在故障和缺陷，造成漏电触电；
（3）漏水、渗水。

9.5 实验室各类事故应急处置

9.5.1 火灾应急处置

详见第2章。

9.5.2 爆炸应急处置

（1）实验室爆炸发生时，实验室负责人或安全员在其认为安全的情况下必须及时切断电源和管道阀门；
（2）所有人员应听从临时召集人的安排，有组织地通过安全出口或用其他方法迅速撤离爆炸现场；
（3）应急预案领导小组负责安排抢救工作和人员安置工作。

9.5.3 触电应急处置

触电急救的原则是：在现场采取积极措施保护触电者生命。
（1）首先要使触电者迅速脱离电源，越快越好，触电者未脱离电源前，救护人员不准用手直接触及触电者。
（2）使触电者脱离电源方法：①切断电源开关；②若电源开关较远，可用干燥的木棒、竹竿等挑开触电者身上的电线或带电设备；③可用几层干燥的衣服将手包住，或者站在干燥的木板上，拉触电者的衣服，使其脱离电源。
（3）触电者脱离电源后，如其神志清醒，应使其就地躺平，暂时不要站立或走动，并严密观察；如其神志不清，应使其就地仰面躺平，且确保气道通畅，并于5秒时间间隔呼叫触电者或轻拍其肩膀，以判定触电者是否意识丧失。禁止摇动其头部来呼叫触电者。
（4）若触电者出现无意识、无呼吸、无心跳，应立即进行心肺复苏（图

9-4），并设法拨打120接替救治。

图9-4　触电急救示意图

9.5.4　中毒应急处置

常见中毒事件的处理办法如表9-4所示。

表9-4　常见中毒事件急救措施汇总

毒品	解毒急救措施
有毒气体	应将中毒者移至空气清新且流通的地方进行人工呼吸，嗅闻解毒剂蒸气并输氧；二氧化硫、氯气刺激眼部，应立即分开眼睑，用流动清水或生理盐水彻底冲洗，就医；食入：漱口，禁止催吐。立即就医（硫化氢、氨中毒者禁止口对口人工呼吸）
酸	吸入之后：将伤者移到空气清新处，立即就医。吞食之后：让伤者饮水（最多2杯），避免催吐（有穿孔的危险）！立即呼叫医生。勿尝试中和
碱	吸入：转移至空气清新处，如呼吸停止，借助机械输氧，立即就医。食入：立即就医，不得诱导呕吐。饮用大量的水
汞化合物	食入：立即催吐、洗胃、给服活性炭悬液，导泻。就医应用巯基络合剂二巯丙磺酸钠、二巯丁二酸钠等驱汞治疗
苯	误入消化系统者，内服催吐剂以引起呕吐，洗胃；对吸入者进行人工呼吸、输氧
酚	口服者给服植物油15~30 mL，催吐，后温水洗胃至呕吐物无酚气味为止，再给硫酸钠15~30 mL。消化道已有严重腐蚀时勿进行上述处理
氟化物	早期给服2%的氧化钙催吐
氰化物	用0.2%高锰酸钾或5%硫代硫酸钠溶液洗胃，洗液量不应少于10 000 mL；洗胃后再由胃管灌入活性炭25 g，硫酸钠25 g。就医解毒治疗：①亚硝酸异戊酯吸入（1~2支，压碎于纱布中，置鼻孔处吸入15~30 s，间隔15~30 s；一次可使用2~3 min）。②10%亚硝酸钠10 mL静注（2~3 mL/min）。以上两种药可降低血压，有循环障碍者慎用。③以同一针头注入20%硫代硫酸钠75~100 mL（缓注，10 mL/min）

续表

毒品	解毒急救措施
磷化物	磷化物毒品有磷化氢、三氯化磷、五氯化磷等。中毒时应迅速撤离现场至空气清新处。雾化吸入2%碳酸氢钠溶液。保持呼吸道通畅。如呼吸困难，给输氧。呼吸、心跳停止，立即进行心肺复苏术。就医。禁用牛奶、鸡蛋及其他脂肪类食物。在操作磷的工作场所，应戴用5%硫酸铜润湿的口罩
砷化合物	砷化合物毒性特别强，如As_2O_3、As_2S_3、$AsCl_3$、H_3AsO_3等。误食入时应立即催吐、彻底洗胃，洗胃后服活性炭30~50 g(用水调成浆状)，而后再服用硫酸镁或硫酸钠导泻。就医。解毒剂用二巯基丙醇(BAL)、二巯基丙磺酸钠、二巯基丁二酸钠等
钡化合物	吸入高浓度钡化合物烟尘者，应及早撤离现场，擦鼻子，清理呼吸道，反复漱口，并立即口服硫酸钠20~30 g。就医

气体中毒时应注意如下事项：

（1）迅速将伤员救离现场，移至空气流通、清新的地方；

（2）松开衣领、紧身衣物和腰带；

（3）有条件的可以接氧气（流速不要太大）；

（4）要保暖，静卧，并观察伤者病情变化；

（5）搞清楚什么气体中毒，以便对症下药；

（6）经紧急处理后，立即送院治疗；

（7）存放有毒气体的实验室应标有警示标志（图9-5）。

图9-5　当心有毒气体

实验中若感觉有咽喉灼痛、嘴唇脱色或发绀、胃部痉挛或恶心呕吐等症状时，则可能是中毒所致。视中毒原因施以下述急救后，立即送医，不得延误：

（1）首先将中毒者转移到安全地带，解开领扣，使其呼吸通畅，让中毒者呼吸到新鲜空气，并尽可能了解导致中毒的物质。

（2）误服毒物中毒者，须立即引吐、洗胃及导泻。患者清醒而又合作时，宜饮大量清水引吐，亦可用药物引吐。对引吐效果不好或昏迷者，应立即送医院用胃管洗胃。孕妇应慎用催吐救援。

（3）重金属盐中毒者，喝一杯含有几克$MgSO_4$的水溶液后，立即就医。不要服催吐药，以免引起危险或使病情复杂化。砷化物和汞化物中毒者，必须紧急就医。

（4）吸入刺激性气体中毒者，应立即将患者转移离开中毒现场，给予2%~5%碳酸氢钠溶液雾化吸入、吸氧。气管痉挛者应酌情给解痉挛药物雾化吸入。

应急人员一般应配置过滤式防毒面罩、防毒服装、防毒手套、防毒靴等。

9.5.5 机械性损伤事故应急处置

实验室常发生的机械性损伤包括割伤、刺伤、挫伤、撕裂伤、撞伤、砸伤、扭伤等。对于轻伤，处理的关键是清创、止血、防感染。当伤势较重，出现呼吸骤停、窒息、大出血、开放性或张力性气胸、休克等危及生命的紧急情况时，应临时施心肺复苏、控制出血、包扎伤口、骨折固定等。

1. 轻伤处置

（1）立即关闭运转机械，保护现场，向应急小组汇报；

（2）对伤者同时实施消毒、止血、包扎、止痛等临时措施；

（3）尽快将伤者送医院进行防感染和防破伤风处理，或根据医嘱作进一步检查。

2. 重伤处置

（1）立即关闭运转机械，保护现场，及时向现场应急指挥小组及有关部门汇报，应急指挥部门接到事故报告后，应迅速赶赴事故现场，组织事故抢救；

（2）立即对伤者进行包扎、止血、止痛、消毒、固定等临时措施，防止伤情恶化。如有断肢情况发生，应及时用干净毛巾、手绢、布片包好，放在无裂纹的塑料袋或胶皮袋内，袋口扎紧，在袋周围放置冰块、雪糕等降温物品，不得在断肢处涂酒精、碘酒及其他消毒液；

（3）迅速拨打120求救或送附近医院急救，断肢随伤员一起运送。

9.5.6 化学灼伤应急处置

化学灼伤常由强酸、强碱、黄磷、液溴、酚类等腐蚀性物质引起。伤处剧烈灼痛，轻者发红或起泡，重者溃烂。创面不易愈合，某些化学品可被皮肤、黏膜吸收，出现合并中毒现象。紧急处置办法为：

（1）迅速撤离现场，脱去受污染的衣物，立即用大量流动清水冲洗创面20~30 min。碱性物质污染后冲洗时间应该延长，特别要注意眼睛及其他特殊部位如头、面、手的冲洗。

（2）对有些化学物灼伤，如氰化物、酚类、氯化钡、氢氟酸等在冲洗时应进行适当解毒救急处理。

（3）化学灼伤创面应彻底清创、剪去水泡、清除坏死组织。深度创面应立即或早期进行削（切）痂植皮及延迟植皮。

（4）灼伤创面经水冲洗后，必要时需进行合理的中和治疗，例如氢氟酸灼伤，经水冲洗后需及时用钙、镁试剂局部中和治疗，必要时用葡萄酸钙进行动、静脉注射。

（5）灼伤面积较大，应令伤员躺下，等待医生到来。躺下时，头、胸应略低于身体其他部位，腿部若无骨折，应将其抬起。

（6）化学灼伤并休克时，冲洗从速从简，积极进行抗休克治疗。

（7）如患者神志清醒，并能饮食，应给予大量饮料。

（8）及时就医，解毒、抗感染，进行进一步治疗。

表9-5为常见化学灼伤急救措施举例，如在实验过程中遇到这类事件可以参考表格所列出的方法进行初步处理。

表9-5 化学灼伤急救措施举例

种类	急救措施
一般灼伤	一般用大量自来水冲洗，再用高锰酸钾擦伤处；或用苏打水洗，再擦烫伤膏或凡士林
酸灼伤	先用大量水冲洗，然后用5%的磷酸氢钠或10%的氨水清洗伤口；若溅入眼睛内应先用清水冲洗，然后用3%的碳酸氢钠冲洗，随即去医院治疗。氢氟酸灼伤应立即用水冲洗伤口至苍白色并涂以甘油与氧化镁（2∶1）或用冷的饱和碳酸镁溶液清洗伤口后包扎好，要严防氢氟酸进入皮下和骨骼中
碱灼伤	用大量水冲洗，然后用2%的硼酸或2%的醋酸冲洗，严重者去医院治疗
氰化物灼伤	先用高锰酸钾溶液冲洗伤处，然后再用硫化铵溶液漂洗
钠灼伤	可见的金属钠小块用镊子移去，其余与碱灼伤处理相同
溴灼伤	立即用大量水冲洗，再用乙醇擦至无溴液存在为止，然后涂上甘油或烫伤油膏，用3%硫酸铜的酒精溶液润湿纱布包扎
黄磷灼伤	立即用1%硫酸铜溶液洗净残余的磷，或用镊子除去磷屑，或用湿棉花擦去，再用0.01%高锰酸钾溶液湿敷，外涂保护剂，用绷带包扎。眼黏膜损害时，用2%小苏打水冲洗多次
铬酸灼伤	先用大量流动清水冲洗，再用氯化铵稀溶液漂洗。创面治疗：①5%硫代硫酸钠溶液湿敷；②涂以5%硫代硫酸钠软膏；③$CaNa_2$-EDTA软膏或溶液湿敷；④10%维生素C溶液湿敷，使Cr^{6+}还原成Cr^{3+}，并与其结合，使其失去活性；⑤深度创面需早期切痂植皮
酚灼伤	先用大量水冲洗，再用50%～70%酒精涂擦创面，然后再用水冲洗。也可用浸过甘油、聚乙二醇或聚乙二醇和酒精混合液(7∶3)的棉布将酚擦去，然后用清水冲洗创面

续表

种类	急救措施
氧化锌灼伤	若只是浅表受伤，用生理盐水清洗创面，周围用75%的酒精清洗，然后包扎。若伤口较深或有异物，应立即到医院进行清创缝合处理
硝酸银灼伤	先用水冲洗，再用5%碳酸氢钠溶液漂洗，涂油膏及磺胺粉

9.5.7 化学品泄漏沾染皮肤应急处置

（1）立刻用水冲洗至少15 min（浓硫酸也要冲）（图9-6a）。

（2）如果没有明显的灼伤，可以用温水和肥皂水清洗，也可以用"中和剂"（弱酸、弱碱溶液）清洗；当灼伤面积较大时，可用冷水浸湿的干净的衣物敷在创面上（图9-6b），然后就医。

（3）检查实验记录，看是否还有潜在的危害。

（4）对于沾在衣服上的泄漏物，不要试图去擦，应迅速脱去污染的衣服、鞋子和饰物。

（5）时间紧迫时，迅速除去或剪开衣服，不要犹豫。

（6）迅速拨打120，说清楚引起伤害的化学品名称、受伤过程及受伤程度。自己去医院也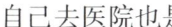

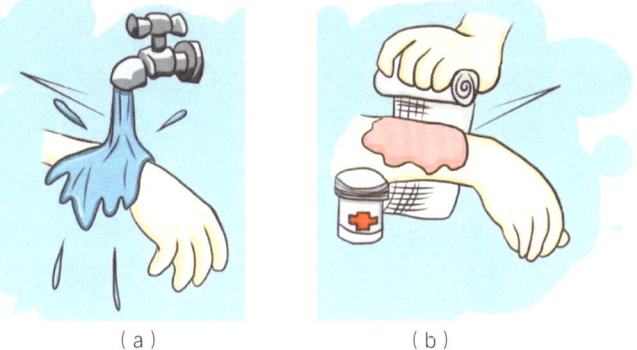

（a）　　　　　　（b）

图9-6　化学品沾染皮肤处置办法

9.5.8 常见试剂泄溢应急处置

（1）氯化钠、氢化钾的污染：将硫代硫酸钠（高锰酸钾、次氯酸钠、硫酸亚铁）溶液浇在污染处后，用热水冲，再用冷水冲。

（2）对硫磷及其他有机磷剧毒农药（如苯硫磷、敌死通）污染，可先用石灰将撒泼的药液吸去，继而用碱液浸湿污染处，然后用热水及冷水冲洗干净。

（3）硫酸二甲酯撒漏后，先用氨水洒在污染处，使其起中和作用；也可用漂白粉加五倍水后浸湿污染处，再用碱水浸湿，最后用热水和冷水各冲一遍。

（4）甲醛撒漏后，可用漂白粉加五倍水后浸湿污染处，使甲醛与漂白粉氧化成甲酸，再用水冲洗干净。

（5）汞撒漏后，可先行收集，尽可能不使其泄入地下缝隙，并用硫磺粉盖在洒落的地方，并碾磨使硫磺粉与汞充分混合，使汞转变成不挥发的硫化汞。

（6）苯胺撒漏后，可用稀盐酸溶液浸湿污染处，再用水冲洗。因为苯胺呈碱性，能与盐酸反应生成盐酸盐，如用硫酸溶液，可生成硫酸盐。

（7）盛磷容器破裂，一旦脱水将产生自燃，故切勿直接接触，应用工具将磷迅速移入盛水容器中。污染处先用石灰乳浸湿，再用水冲。被黄磷污染过的工具可用5%硫酸铜溶液冲洗。

（8）砷撒漏，可用碱水和氢氧化铁解毒，再用水冲洗。

（9）溴撒漏，可用氨水使之生成氨盐，再用水冲洗干净。

附录

安全相关法律法规

中华人民共和国安全生产法

（2002年6月29日第九届全国人民代表大会常务委员会第二十八次会议通过 根据2009年8月27日第十一届全国人民代表大会常务委员会第十次会议《关于修改部分法律的决定》第一次修正 根据2014年8月31日第十二届全国人民代表大会常务委员会第十次会议《关于修改〈中华人民共和国安全生产法〉的决定》第二次修正 根据2021年6月10日第十三届全国人民代表大会常务委员会第二十九次会议《关于修改〈中华人民共和国安全生产法〉的决定》第三次修正）

目 录

第一章 总 则
第二章 生产经营单位的安全生产保障
第三章 从业人员的安全生产权利义务
第四章 安全生产的监督管理
第五章 生产安全事故的应急救援与调查处理
第六章 法律责任
第七章 附 则

第一章 总 则

第一条 为了加强安全生产工作，防止和减少生产安全事故，保障人民群众生命和财产安全，促进经济社会持续健康发展，制定本法。

第二条 在中华人民共和国领域内从事生产经营活动的单位（以下统称生产经营单位）的安全生产，适用本法；有关法律、行政法规对消防安全和道路交通安全、铁路交通安全、水上交通安全、民用航空安全以及核与辐射安全、特种设备安全另有规定的，适用其规定。

第三条 安全生产工作坚持中国共产党的领导。

安全生产工作应当以人为本，坚持人民至上、生命至上，把保护人民生命安全摆在首位，树牢安全发展理念，坚持安全第一、预防为主、综合治理的方针，从源头上防范化解重大安全风险。

安全生产工作实行管行业必须管安全、管业务必须管安全、管生产经营必须管安全，强化和落实生产经营单位主体责任与政府监管责任，建立生产经营单位负责、职工参与、政府监管、行业自律和社会监督的机制。

第四条 生产经营单位必须遵守本法和其他有关安全生产的法律、法规，加强安全生产管理，建立健全全员安全生产责任制和安全生产规章制度，加大对安全生产资金、物资、技术、人员的投入保障力度，改善安全生产条件，加强安全生产标准化、信息化建设，构建安全风险分级管控和隐患排查治理双重预防机制，健全风险防范化解机制，提高安全生产水平，确保安全生产。

平台经济等新兴行业、领域的生产经营单位应当根据本行业、领域的特点，建立健全并落实全员安全生产责任制，加强从业人员安全生产教育和培训，履行本法和其他法律、法规规定的有关安全生产义务。

第五条 生产经营单位的主要负责人是本单位安全生产第一责任人，对本单位的安全生产工作全面负责。其他负责人对职责范围内的安全生产工作负责。

第六条 生产经营单位的从业人员有依法获得安全生产保障的权利，并应当依法履行安全生产方面的义务。

第七条 工会依法对安全生产工作进行监督。

生产经营单位的工会依法组织职工参加本单位安全生产工作的民主管理和民主监督，维护职工在安全生产方面的合法权益。生产经营单位制定或者修改有关安全生产的规章制度，应当听取工会的意见。

第八条 国务院和县级以上地方各级人民政府应当根据国民经济和社会发展规划制定安全生产规划，并组织实施。安全生产规划应当与国土空间规划等相关规划相衔接。

各级人民政府应当加强安全生产基础设施建设和安全生产监管能力建设，所需经费列入本级预算。

县级以上地方各级人民政府应当组织有关部门建立完善安全风险评估与论证机制，按照安全风险管控要求，进行产业规划和空间布局，并对位置相邻、行业相近、业态相似的生产经营单位实施重大安全风险联防联控。

第九条 国务院和县级以上地方各级人民政府应当加强对安全生产工作的领导，建立健全安全生产工作协调机制，支持、督促各有关部门依法履行安全生产监督管理职责,及时协调、解决安全生产监督管理中存在的重大问题。

乡镇人民政府和街道办事处,以及开发区、工业园区、港区、风景区等应当明确负责安全生产监督管理的有关工作机构及其职责,加强安全生产监管力量建设,按照职责对本行政区域或者管理区域内生产经营单位安全生产状况进行监督检查,协助人民政府有关部门或者按照授权依法履行安全生产监督管理职责。

第十条 国务院应急管理部门依照本法,对全国安全生产工作实施综合监督管理;县级以上地方各级人民政府应急管理部门依照本法,对本行政区域内安全生产工作实施综合监督管理。

国务院交通运输、住房和城乡建设、水利、民航等有关部门依照本法和其他有关法律、行政法规的规定,在各自的职责范围内对有关行业、领域的安全生产工作实施监督管理;县级以上地方各级人民政府有关部门依照本法和其他有关法律、法规的规定,在各自的职责范围内对有关行业、领域的安全生产工作实施监督管理。对新兴行业、领域的安全生产监督管理职责不明确的,由县级以上地方各级人民政府按照业务相近的原则确定监督管理部门。

应急管理部门和对有关行业、领域的安全生产工作实施监督管理的部门,统称负有安全生产监督管理职责的部门。负有安全生产监督管理职责的部门应当相互配合、齐抓共管、信息共享、资源共用,依法加强安全生产监督管理工作。

第十一条 国务院有关部门应当按照保障安全生产的要求,依法及时制定有关的国家标准或者行业标准,并根据科技进步和经济发展适时修订。

生产经营单位必须执行依法制定的保障安全生产的国家标准或者行业标准。

第十二条 国务院有关部门按照职责分工负责安全生产强制性国家标准的项目提出、组织起草、征求意见、技术审查。国务院应急管理部门统筹提出安全生产强制性国家标准的立项计划。国务院标准化行政主管部门负责安全生产强制性国家标准的立项、编号、对外通报和授权批准发布工作。国务院标准化行政主管部门、有关部门依据法定职责对安全生产强制性国家标准的实施进行监督检查。

第十三条 各级人民政府及其有关部门应当采取多种形式,加强对有关安全生产的法律、法规和安全生产知识的宣传,增强全社会的安全生产意识。

第十四条 有关协会组织依照法律、行政法规和章程,为生产经营单位提供安全生产方面的信息、培训等服务,发挥自律作用,促进生产经营单位加强安全生产管理。

第十五条 依法设立的为安全生产提供技术、管理服务的机构,依照法律、行政法规和执业准则,接受生产经营单位的委托为其安全生产工作提供技术、管理服务。

生产经营单位委托前款规定的机构提供安全生产技术、管理服务的，保证安全生产的责任仍由本单位负责。

第十六条 国家实行生产安全事故责任追究制度，依照本法和有关法律、法规的规定，追究生产安全事故责任单位和责任人员的法律责任。

第十七条 县级以上各级人民政府应当组织负有安全生产监督管理职责的部门依法编制安全生产权力和责任清单，公开并接受社会监督。

第十八条 国家鼓励和支持安全生产科学技术研究和安全生产先进技术的推广应用，提高安全生产水平。

第十九条 国家对在改善安全生产条件、防止生产安全事故、参加抢险救护等方面取得显著成绩的单位和个人，给予奖励。

第二章　生产经营单位的安全生产保障

第二十条 生产经营单位应当具备本法和有关法律、行政法规和国家标准或者行业标准规定的安全生产条件；不具备安全生产条件的，不得从事生产经营活动。

第二十一条 生产经营单位的主要负责人对本单位安全生产工作负有下列职责：

（一）建立健全并落实本单位全员安全生产责任制，加强安全生产标准化建设；

（二）组织制定并实施本单位安全生产规章制度和操作规程；

（三）组织制定并实施本单位安全生产教育和培训计划；

（四）保证本单位安全生产投入的有效实施；

（五）组织建立并落实安全风险分级管控和隐患排查治理双重预防工作机制，督促、检查本单位的安全生产工作，及时消除生产安全事故隐患；

（六）组织制定并实施本单位的生产安全事故应急救援预案；

（七）及时、如实报告生产安全事故。

第二十二条 生产经营单位的全员安全生产责任制应当明确各岗位的责任人员、责任范围和考核标准等内容。

生产经营单位应当建立相应的机制，加强对全员安全生产责任制落实情况的监督考核，保证全员安全生产责任制的落实。

第二十三条 生产经营单位应当具备的安全生产条件所必需的资金投入，由生产经营单位的决策机构、主要负责人或者个人经营的投资人予以保证，并对由于安全生产所必需的资金投入不足导致的后果承担责任。

有关生产经营单位应当按照规定提取和使用安全生产费用，专门用于改善安全生产条件。安全生产费用在成本中据实列支。安全生产费用提取、使用和监督管理的具体办法由国务院财政部门会同国务院应急管理部门征求国务院有关部门意见后制定。

第二十四条　矿山、金属冶炼、建筑施工、运输单位和危险物品的生产、经营、储存、装卸单位，应当设置安全生产管理机构或者配备专职安全生产管理人员。

前款规定以外的其他生产经营单位，从业人员超过一百人的，应当设置安全生产管理机构或者配备专职安全生产管理人员；从业人员在一百人以下的，应当配备专职或者兼职的安全生产管理人员。

第二十五条　生产经营单位的安全生产管理机构以及安全生产管理人员履行下列职责：

（一）组织或者参与拟订本单位安全生产规章制度、操作规程和生产安全事故应急救援预案；

（二）组织或者参与本单位安全生产教育和培训，如实记录安全生产教育和培训情况；

（三）组织开展危险源辨识和评估，督促落实本单位重大危险源的安全管理措施；

（四）组织或者参与本单位应急救援演练；

（五）检查本单位的安全生产状况，及时排查生产安全事故隐患，提出改进安全生产管理的建议；

（六）制止和纠正违章指挥、强令冒险作业、违反操作规程的行为；

（七）督促落实本单位安全生产整改措施。

生产经营单位可以设置专职安全生产分管负责人，协助本单位主要负责人履行安全生产管理职责。

第二十六条　生产经营单位的安全生产管理机构以及安全生产管理人员应当恪尽职守，依法履行职责。

生产经营单位作出涉及安全生产的经营决策，应当听取安全生产管理机构以及安全生产管理人员的意见。

生产经营单位不得因安全生产管理人员依法履行职责而降低其工资、福利等待遇或者解除与其订立的劳动合同。

危险物品的生产、储存单位以及矿山、金属冶炼单位的安全生产管理人员的任免,应当告知主管的负有安全生产监督管理职责的部门。

第二十七条 生产经营单位的主要负责人和安全生产管理人员必须具备与本单位所从事的生产经营活动相应的安全生产知识和管理能力。

危险物品的生产、经营、储存、装卸单位以及矿山、金属冶炼、建筑施工、运输单位的主要负责人和安全生产管理人员,应当由主管的负有安全生产监督管理职责的部门对其安全生产知识和管理能力考核合格。考核不得收费。

危险物品的生产、储存、装卸单位以及矿山、金属冶炼单位应当有注册安全工程师从事安全生产管理工作。鼓励其他生产经营单位聘用注册安全工程师从事安全生产管理工作。注册安全工程师按专业分类管理,具体办法由国务院人力资源和社会保障部门、国务院应急管理部门会同国务院有关部门制定。

第二十八条 生产经营单位应当对从业人员进行安全生产教育和培训,保证从业人员具备必要的安全生产知识,熟悉有关的安全生产规章制度和安全操作规程,掌握本岗位的安全操作技能,了解事故应急处理措施,知悉自身在安全生产方面的权利和义务。未经安全生产教育和培训合格的从业人员,不得上岗作业。

生产经营单位使用被派遣劳动者的,应当将被派遣劳动者纳入本单位从业人员统一管理,对被派遣劳动者进行岗位安全操作规程和安全操作技能的教育和培训。劳务派遣单位应当对被派遣劳动者进行必要的安全生产教育和培训。

生产经营单位接收中等职业学校、高等学校学生实习的,应当对实习学生进行相应的安全生产教育和培训,提供必要的劳动防护用品。学校应当协助生产经营单位对实习学生进行安全生产教育和培训。

生产经营单位应当建立安全生产教育和培训档案,如实记录安全生产教育和培训的时间、内容、参加人员以及考核结果等情况。

第二十九条 生产经营单位采用新工艺、新技术、新材料或者使用新设备,必须了解、掌握其安全技术特性,采取有效的安全防护措施,并对从业人员进行专门的安全生产教育和培训。

第三十条 生产经营单位的特种作业人员必须按照国家有关规定经专门的安全作业培训,取得相应资格,方可上岗作业。

特种作业人员的范围由国务院应急管理部门会同国务院有关部门确定。

第三十一条 生产经营单位新建、改建、扩建工程项目(以下统称建设项目)的安全设施,必须与主体工程同时设计、同时施工、同时投入生产和使用。安全设施投资应当纳入建设项目概算。

第三十二条 矿山、金属冶炼建设项目和用于生产、储存、装卸危险物品的建设项目，应当按照国家有关规定进行安全评价。

第三十三条 建设项目安全设施的设计人、设计单位应当对安全设施设计负责。

矿山、金属冶炼建设项目和用于生产、储存、装卸危险物品的建设项目的安全设施设计应当按照国家有关规定报经有关部门审查，审查部门及其负责审查的人员对审查结果负责。

第三十四条 矿山、金属冶炼建设项目和用于生产、储存、装卸危险物品的建设项目的施工单位必须按照批准的安全设施设计施工，并对安全设施的工程质量负责。

矿山、金属冶炼建设项目和用于生产、储存、装卸危险物品的建设项目竣工投入生产或者使用前，应当由建设单位负责组织对安全设施进行验收；验收合格后，方可投入生产和使用。负有安全生产监督管理职责的部门应当加强对建设单位验收活动和验收结果的监督核查。

第三十五条 生产经营单位应当在有较大危险因素的生产经营场所和有关设施、设备上，设置明显的安全警示标志。

第三十六条 安全设备的设计、制造、安装、使用、检测、维修、改造和报废，应当符合国家标准或者行业标准。

生产经营单位必须对安全设备进行经常性维护、保养，并定期检测，保证正常运转。维护、保养、检测应当作好记录，并由有关人员签字。

生产经营单位不得关闭、破坏直接关系生产安全的监控、报警、防护、救生设备、设施，或者篡改、隐瞒、销毁其相关数据、信息。

餐饮等行业的生产经营单位使用燃气的，应当安装可燃气体报警装置，并保障其正常使用。

第三十七条 生产经营单位使用的危险物品的容器、运输工具，以及涉及人身安全、危险性较大的海洋石油开采特种设备和矿山井下特种设备，必须按照国家有关规定，由专业生产单位生产，并经具有专业资质的检测、检验机构检测、检验合格，取得安全使用证或者安全标志，方可投入使用。检测、检验机构对检测、检验结果负责。

第三十八条 国家对严重危及生产安全的工艺、设备实行淘汰制度，具体目录由国务院应急管理部门会同国务院有关部门制定并公布。法律、行政法规对目录的制定另有规定的，适用其规定。

省、自治区、直辖市人民政府可以根据本地区实际情况制定并公布具体目录，对前款规定以外的危及生产安全的工艺、设备予以淘汰。

生产经营单位不得使用应当淘汰的危及生产安全的工艺、设备。

第三十九条 生产、经营、运输、储存、使用危险物品或者处置废弃危险物品的，由有关主管部门依照有关法律、法规的规定和国家标准或者行业标准审批并实施监督管理。

生产经营单位生产、经营、运输、储存、使用危险物品或者处置废弃危险物品，必须执行有关法律、法规和国家标准或者行业标准，建立专门的安全管理制度，采取可靠的安全措施，接受有关主管部门依法实施的监督管理。

第四十条 生产经营单位对重大危险源应当登记建档，进行定期检测、评估、监控，并制定应急预案，告知从业人员和相关人员在紧急情况下应当采取的应急措施。

生产经营单位应当按照国家有关规定将本单位重大危险源及有关安全措施、应急措施报有关地方人民政府应急管理部门和有关部门备案。有关地方人民政府应急管理部门和有关部门应当通过相关信息系统实现信息共享。

第四十一条 生产经营单位应当建立安全风险分级管控制度，按照安全风险分级采取相应的管控措施。

生产经营单位应当建立健全并落实生产安全事故隐患排查治理制度，采取技术、管理措施，及时发现并消除事故隐患。事故隐患排查治理情况应当如实记录，并通过职工大会或者职工代表大会、信息公示栏等方式向从业人员通报。其中，重大事故隐患排查治理情况应当及时向负有安全生产监督管理职责的部门和职工大会或者职工代表大会报告。

县级以上地方各级人民政府负有安全生产监督管理职责的部门应当将重大事故隐患纳入相关信息系统，建立健全重大事故隐患治理督办制度，督促生产经营单位消除重大事故隐患。

第四十二条 生产、经营、储存、使用危险物品的车间、商店、仓库不得与员工宿舍在同一座建筑物内，并应当与员工宿舍保持安全距离。

生产经营场所和员工宿舍应当设有符合紧急疏散要求、标志明显、保持畅通的出口、疏散通道。禁止占用、锁闭、封堵生产经营场所或者员工宿舍的出口、疏散通道。

第四十三条 生产经营单位进行爆破、吊装、动火、临时用电以及国务院应急管理部门会同国务院有关部门规定的其他危险作业，应当安排专门人员进行现场安全管理，确保操作规程的遵守和安全措施的落实。

第四十四条 生产经营单位应当教育和督促从业人员严格执行本单位的安全生产规章制度和安全操作规程；并向从业人员如实告知作业场所和工作岗位存在的危险因素、防范措施以及事故应急措施。

生产经营单位应当关注从业人员的身体、心理状况和行为习惯，加强对从业人员的心理疏导、精神慰藉，严格落实岗位安全生产责任，防范从业人员行为异常导致事故发生。

第四十五条 生产经营单位必须为从业人员提供符合国家标准或者行业标准的劳动防护用品，并监督、教育从业人员按照使用规则佩戴、使用。

第四十六条 生产经营单位的安全生产管理人员应当根据本单位的生产经营特点，对安全生产状况进行经常性检查；对检查中发现的安全问题，应当立即处理；不能处理的，应当及时报告本单位有关负责人，有关负责人应当及时处理。检查及处理情况应当如实记录在案。

生产经营单位的安全生产管理人员在检查中发现重大事故隐患，依照前款规定向本单位有关负责人报告，有关负责人不及时处理的，安全生产管理人员可以向主管的负有安全生产监督管理职责的部门报告，接到报告的部门应当依法及时处理。

第四十七条 生产经营单位应当安排用于配备劳动防护用品、进行安全生产培训的经费。

第四十八条 两个以上生产经营单位在同一作业区域内进行生产经营活动，可能危及对方生产安全的，应当签订安全生产管理协议，明确各自的安全生产管理职责和应当采取的安全措施，并指定专职安全生产管理人员进行安全检查与协调。

第四十九条 生产经营单位不得将生产经营项目、场所、设备发包或者出租给不具备安全生产条件或者相应资质的单位或者个人。

生产经营项目、场所发包或者出租给其他单位的，生产经营单位应当与承包单位、承租单位签订专门的安全生产管理协议，或者在承包合同、租赁合同中约定各自的安全生产管理职责；生产经营单位对承包单位、承租单位的安全生产工作统一协调、管理，定期进行安全检查，发现安全问题的，应当及时督促整改。

矿山、金属冶炼建设项目和用于生产、储存、装卸危险物品的建设项目的施工单位应当加强对施工项目的安全管理，不得倒卖、出租、出借、挂靠或者以其他形式非法转让施工资质，不得将其承包的全部建设工程转包给第三人或者将其承包的全部建设工程支解以后以分包的名义分别转包给第三人，不得将工程分包给不具备相应资质条件的单位。

第五十条 生产经营单位发生生产安全事故时，单位的主要负责人应当立即组织抢救，并不得在事故调查处理期间擅离职守。

第五十一条 生产经营单位必须依法参加工伤保险，为从业人员缴纳保险费。

国家鼓励生产经营单位投保安全生产责任保险；属于国家规定的高危行业、领域的生产经营单位，应当投保安全生产责任保险。具体范围和实施办法由国务院应急管理部门会同国务院财政部门、国务院保险监督管理机构和相关行业主管部门制定。

第三章　从业人员的安全生产权利义务

第五十二条 生产经营单位与从业人员订立的劳动合同，应当载明有关保障从业人员劳动安全、防止职业危害的事项，以及依法为从业人员办理工伤保险的事项。

生产经营单位不得以任何形式与从业人员订立协议，免除或者减轻其对从业人员因生产安全事故伤亡依法应承担的责任。

第五十三条 生产经营单位的从业人员有权了解其作业场所和工作岗位存在的危险因素、防范措施及事故应急措施，有权对本单位的安全生产工作提出建议。

第五十四条 从业人员有权对本单位安全生产工作中存在的问题提出批评、检举、控告；有权拒绝违章指挥和强令冒险作业。

生产经营单位不得因从业人员对本单位安全生产工作提出批评、检举、控告或者拒绝违章指挥、强令冒险作业而降低其工资、福利等待遇或者解除与其订立的劳动合同。

第五十五条 从业人员发现直接危及人身安全的紧急情况时，有权停止作业或者在采取可能的应急措施后撤离作业场所。

生产经营单位不得因从业人员在前款紧急情况下停止作业或者采取紧急撤离措施而降低其工资、福利等待遇或者解除与其订立的劳动合同。

第五十六条 生产经营单位发生生产安全事故后，应当及时采取措施救治有关人员。

因生产安全事故受到损害的从业人员，除依法享有工伤保险外，依照有关民事法律尚有获得赔偿的权利的，有权提出赔偿要求。

第五十七条 从业人员在作业过程中，应当严格落实岗位安全责任，遵守本单位的安全生产规章制度和操作规程，服从管理，正确佩戴和使用劳动防护用品。

第五十八条　从业人员应当接受安全生产教育和培训,掌握本职工作所需的安全生产知识,提高安全生产技能,增强事故预防和应急处理能力。

第五十九条　从业人员发现事故隐患或者其他不安全因素,应当立即向现场安全生产管理人员或者本单位负责人报告;接到报告的人员应当及时予以处理。

第六十条　工会有权对建设项目的安全设施与主体工程同时设计、同时施工、同时投入生产和使用进行监督,提出意见。

工会对生产经营单位违反安全生产法律、法规,侵犯从业人员合法权益的行为,有权要求纠正;发现生产经营单位违章指挥、强令冒险作业或者发现事故隐患时,有权提出解决的建议,生产经营单位应当及时研究答复;发现危及从业人员生命安全的情况时,有权向生产经营单位建议组织从业人员撤离危险场所,生产经营单位必须立即作出处理。

工会有权依法参加事故调查,向有关部门提出处理意见,并要求追究有关人员的责任。

第六十一条　生产经营单位使用被派遣劳动者的,被派遣劳动者享有本法规定的从业人员的权利,并应当履行本法规定的从业人员的义务。

第四章　安全生产的监督管理

第六十二条　县级以上地方各级人民政府应当根据本行政区域内的安全生产状况,组织有关部门按照职责分工,对本行政区域内容易发生重大生产安全事故的生产经营单位进行严格检查。

应急管理部门应当按照分类分级监督管理的要求,制定安全生产年度监督检查计划,并按照年度监督检查计划进行监督检查,发现事故隐患,应当及时处理。

第六十三条　负有安全生产监督管理职责的部门依照有关法律、法规的规定,对涉及安全生产的事项需要审查批准(包括批准、核准、许可、注册、认证、颁发证照等,下同)或者验收的,必须严格依照有关法律、法规和国家标准或者行业标准规定的安全生产条件和程序进行审查;不符合有关法律、法规和国家标准或者行业标准规定的安全生产条件的,不得批准或者验收通过。对未依法取得批准或者验收合格的单位擅自从事有关活动的,负责行政审批的部门发现或者接到举报后应当立即予以取缔,并依法予以处理。对已经依法取得批准的单位,负责行政审批的部门发现其不再具备安全生产条件的,应当撤销原批准。

第六十四条　负有安全生产监督管理职责的部门对涉及安全生产的事项进行审查、验收,不得收取费用;不得要求接受审查、验收的单位购买其指定品牌或者指定生产、销售单位的安全设备、器材或者其他产品。

第六十五条 应急管理部门和其他负有安全生产监督管理职责的部门依法开展安全生产行政执法工作，对生产经营单位执行有关安全生产的法律、法规和国家标准或者行业标准的情况进行监督检查，行使以下职权：

（一）进入生产经营单位进行检查，调阅有关资料，向有关单位和人员了解情况；

（二）对检查中发现的安全生产违法行为，当场予以纠正或者要求限期改正；对依法应当给予行政处罚的行为，依照本法和其他有关法律、行政法规的规定作出行政处罚决定；

（三）对检查中发现的事故隐患，应当责令立即排除；重大事故隐患排除前或者排除过程中无法保证安全的，应当责令从危险区域内撤出作业人员，责令暂时停产停业或者停止使用相关设施、设备；重大事故隐患排除后，经审查同意，方可恢复生产经营和使用；

（四）对有根据认为不符合保障安全生产的国家标准或者行业标准的设施、设备、器材以及违法生产、储存、使用、经营、运输的危险物品予以查封或者扣押，对违法生产、储存、使用、经营危险物品的作业场所予以查封，并依法作出处理决定。

监督检查不得影响被检查单位的正常生产经营活动。

第六十六条 生产经营单位对负有安全生产监督管理职责的部门的监督检查人员（以下统称安全生产监督检查人员）依法履行监督检查职责，应当予以配合，不得拒绝、阻挠。

第六十七条 安全生产监督检查人员应当忠于职守，坚持原则，秉公执法。

安全生产监督检查人员执行监督检查任务时，必须出示有效的行政执法证件；对涉及被检查单位的技术秘密和业务秘密，应当为其保密。

第六十八条 安全生产监督检查人员应当将检查的时间、地点、内容、发现的问题及其处理情况，作出书面记录，并由检查人员和被检查单位的负责人签字；被检查单位的负责人拒绝签字的，检查人员应当将情况记录在案，并向负有安全生产监督管理职责的部门报告。

第六十九条 负有安全生产监督管理职责的部门在监督检查中，应当互相配合，实行联合检查；确需分别进行检查的，应当互通情况，发现存在的安全问题应当由其他有关部门进行处理的，应当及时移送其他有关部门并形成记录备查，接受移送的部门应当及时进行处理。

第七十条 负有安全生产监督管理职责的部门依法对存在重大事故隐患的生产经营单位作出停产停业、停止施工、停止使用相关设施或者设备的决定，生产经营单位应当依法执行，及时消除事故隐患。生产经营单位拒不执行，有发生生产安全事故的现实危险的，在保证安全的前提下，经本部门主要负责人批准，负有安全生产监督管理职责的部门可以采取通知有关单位停止供电、停止供应民用爆炸物品等措施，强制生产经营单位履行决定。通知应当采用书面形式，有关单位应当予以配合。

负有安全生产监督管理职责的部门依照前款规定采取停止供电措施，除有危及生产安全的紧急情形外，应当提前二十四小时通知生产经营单位。生产经营单位依法履行行政决定、采取相应措施消除事故隐患的，负有安全生产监督管理职责的部门应当及时解除前款规定的措施。

第七十一条 监察机关依照监察法的规定，对负有安全生产监督管理职责的部门及其工作人员履行安全生产监督管理职责实施监察。

第七十二条 承担安全评价、认证、检测、检验职责的机构应当具备国家规定的资质条件，并对其作出的安全评价、认证、检测、检验结果的合法性、真实性负责。资质条件由国务院应急管理部门会同国务院有关部门制定。

承担安全评价、认证、检测、检验职责的机构应当建立并实施服务公开和报告公开制度，不得租借资质、挂靠、出具虚假报告。

第七十三条 负有安全生产监督管理职责的部门应当建立举报制度，公开举报电话、信箱或者电子邮件地址等网络举报平台，受理有关安全生产的举报；受理的举报事项经调查核实后，应当形成书面材料；需要落实整改措施的，报经有关负责人签字并督促落实。对不属于本部门职责，需要由其他有关部门进行调查处理的，转交其他有关部门处理。

涉及人员死亡的举报事项，应当由县级以上人民政府组织核查处理。

第七十四条 任何单位或者个人对事故隐患或者安全生产违法行为，均有权向负有安全生产监督管理职责的部门报告或者举报。

因安全生产违法行为造成重大事故隐患或者导致重大事故，致使国家利益或者社会公共利益受到侵害的，人民检察院可以根据民事诉讼法、行政诉讼法的相关规定提起公益诉讼。

第七十五条 居民委员会、村民委员会发现其所在区域内的生产经营单位存在事故隐患或者安全生产违法行为时，应当向当地人民政府或者有关部门报告。

第七十六条 县级以上各级人民政府及其有关部门对报告重大事故隐患或者

举报安全生产违法行为的有功人员，给予奖励。具体奖励办法由国务院应急管理部门会同国务院财政部门制定。

第七十七条 新闻、出版、广播、电影、电视等单位有进行安全生产公益宣传教育的义务，有对违反安全生产法律、法规的行为进行舆论监督的权利。

第七十八条 负有安全生产监督管理职责的部门应当建立安全生产违法行为信息库，如实记录生产经营单位及其有关从业人员的安全生产违法行为信息；对违法行为情节严重的生产经营单位及其有关从业人员，应当及时向社会公告，并通报行业主管部门、投资主管部门、自然资源主管部门、生态环境主管部门、证券监督管理机构以及有关金融机构。有关部门和机构应当对存在失信行为的生产经营单位及其有关从业人员采取加大执法检查频次、暂停项目审批、上调有关保险费率、行业或者职业禁入等联合惩戒措施，并向社会公示。

负有安全生产监督管理职责的部门应当加强对生产经营单位行政处罚信息的及时归集、共享、应用和公开，对生产经营单位作出处罚决定后七个工作日内在监督管理部门公示系统予以公开曝光，强化对违法失信生产经营单位及其有关从业人员的社会监督，提高全社会安全生产诚信水平。

第五章　生产安全事故的应急救援与调查处理

第七十九条 国家加强生产安全事故应急能力建设，在重点行业、领域建立应急救援基地和应急救援队伍，并由国家安全生产应急救援机构统一协调指挥；鼓励生产经营单位和其他社会力量建立应急救援队伍，配备相应的应急救援装备和物资，提高应急救援的专业化水平。

国务院应急管理部门牵头建立全国统一的生产安全事故应急救援信息系统，国务院交通运输、住房和城乡建设、水利、民航等有关部门和县级以上地方人民政府建立健全相关行业、领域、地区的生产安全事故应急救援信息系统，实现互联互通、信息共享，通过推行网上安全信息采集、安全监管和监测预警，提升监管的精准化、智能化水平。

第八十条 县级以上地方各级人民政府应当组织有关部门制定本行政区域内生产安全事故应急救援预案，建立应急救援体系。

乡镇人民政府和街道办事处，以及开发区、工业园区、港区、风景区等应当制定相应的生产安全事故应急救援预案，协助人民政府有关部门或者按照授权依法履行生产安全事故应急救援工作职责。

第八十一条 生产经营单位应当制定本单位生产安全事故应急救援预案，与所在地县级以上地方人民政府组织制定的生产安全事故应急救援预案相衔接,并定期组织演练。

第八十二条 危险物品的生产、经营、储存单位以及矿山、金属冶炼、城市轨道交通运营、建筑施工单位应当建立应急救援组织;生产经营规模较小的,可以不建立应急救援组织,但应当指定兼职的应急救援人员。

危险物品的生产、经营、储存、运输单位以及矿山、金属冶炼、城市轨道交通运营、建筑施工单位应当配备必要的应急救援器材、设备和物资,并进行经常性维护、保养,保证正常运转。

第八十三条 生产经营单位发生生产安全事故后,事故现场有关人员应当立即报告本单位负责人。

单位负责人接到事故报告后,应当迅速采取有效措施,组织抢救,防止事故扩大,减少人员伤亡和财产损失,并按照国家有关规定立即如实报告当地负有安全生产监督管理职责的部门,不得隐瞒不报、谎报或者迟报,不得故意破坏事故现场、毁灭有关证据。

第八十四条 负有安全生产监督管理职责的部门接到事故报告后,应当立即按照国家有关规定上报事故情况。负有安全生产监督管理职责的部门和有关地方人民政府对事故情况不得隐瞒不报、谎报或者迟报。

第八十五条 有关地方人民政府和负有安全生产监督管理职责的部门的负责人接到生产安全事故报告后,应当按照生产安全事故应急救援预案的要求立即赶到事故现场,组织事故抢救。

参与事故抢救的部门和单位应当服从统一指挥,加强协同联动,采取有效的应急救援措施,并根据事故救援的需要采取警戒、疏散等措施,防止事故扩大和次生灾害的发生,减少人员伤亡和财产损失。

事故抢救过程中应当采取必要措施,避免或者减少对环境造成的危害。

任何单位和个人都应当支持、配合事故抢救,并提供一切便利条件。

第八十六条 事故调查处理应当按照科学严谨、依法依规、实事求是、注重实效的原则,及时、准确地查清事故原因,查明事故性质和责任,评估应急处置工作,总结事故教训,提出整改措施,并对事故责任单位和人员提出处理建议。事故调查报告应当依法及时向社会公布。事故调查和处理的具体办法由国务院制定。

事故发生单位应当及时全面落实整改措施,负有安全生产监督管理职责的部门应当加强监督检查。

负责事故调查处理的国务院有关部门和地方人民政府应当在批复事故调查报告后一年内,组织有关部门对事故整改和防范措施落实情况进行评估,并及时向社会公开评估结果;对不履行职责导致事故整改和防范措施没有落实的有关单位和人员,应当按照有关规定追究责任。

第八十七条 生产经营单位发生生产安全事故,经调查确定为责任事故的,除了应当查明事故单位的责任并依法予以追究外,还应当查明对安全生产的有关事项负有审查批准和监督职责的行政部门的责任,对有失职、渎职行为的,依照本法第九十条的规定追究法律责任。

第八十八条 任何单位和个人不得阻挠和干涉对事故的依法调查处理。

第八十九条 县级以上地方各级人民政府应急管理部门应当定期统计分析本行政区域内发生生产安全事故的情况,并定期向社会公布。

第六章 法律责任

第九十条 负有安全生产监督管理职责的部门的工作人员,有下列行为之一的,给予降级或者撤职的处分;构成犯罪的,依照刑法有关规定追究刑事责任:

(一)对不符合法定安全生产条件的涉及安全生产的事项予以批准或者验收通过的;

(二)发现未依法取得批准、验收的单位擅自从事有关活动或者接到举报后不予取缔或者不依法予以处理的;

(三)对已经依法取得批准的单位不履行监督管理职责,发现其不再具备安全生产条件而不撤销原批准或者发现安全生产违法行为不予查处的;

(四)在监督检查中发现重大事故隐患,不依法及时处理的。

负有安全生产监督管理职责的部门的工作人员有前款规定以外的滥用职权、玩忽职守、徇私舞弊行为的,依法给予处分;构成犯罪的,依照刑法有关规定追究刑事责任。

第九十一条 负有安全生产监督管理职责的部门,要求被审查、验收的单位购买其指定的安全设备、器材或者其他产品的,在对安全生产事项的审查、验收中收取费用的,由其上级机关或者监察机关责令改正,责令退还收取的费用;情节严重的,对直接负责的主管人员和其他直接责任人员依法给予处分。

第九十二条 承担安全评价、认证、检测、检验职责的机构出具失实报告的,责令停业整顿,并处三万元以上十万元以下的罚款;给他人造成损害的,依法承担赔偿责任。

承担安全评价、认证、检测、检验职责的机构租借资质、挂靠、出具虚假报告的，没收违法所得；违法所得在十万元以上的，并处违法所得二倍以上五倍以下的罚款，没有违法所得或者违法所得不足十万元的，单处或者并处十万元以上二十万元以下的罚款；对其直接负责的主管人员和其他直接责任人员处五万元以上十万元以下的罚款；给他人造成损害的，与生产经营单位承担连带赔偿责任；构成犯罪的，依照刑法有关规定追究刑事责任。

对有前款违法行为的机构及其直接责任人员，吊销其相应资质和资格，五年内不得从事安全评价、认证、检测、检验等工作；情节严重的，实行终身行业和职业禁入。

第九十三条 生产经营单位的决策机构、主要负责人或者个人经营的投资人不依照本法规定保证安全生产所必需的资金投入，致使生产经营单位不具备安全生产条件的，责令限期改正，提供必需的资金；逾期未改正的，责令生产经营单位停产停业整顿。

有前款违法行为，导致发生生产安全事故的，对生产经营单位的主要负责人给予撤职处分，对个人经营的投资人处二万元以上二十万元以下的罚款；构成犯罪的，依照刑法有关规定追究刑事责任。

第九十四条 生产经营单位的主要负责人未履行本法规定的安全生产管理职责的，责令限期改正，处二万元以上五万元以下的罚款；逾期未改正的，处五万元以上十万元以下的罚款，责令生产经营单位停产停业整顿。

生产经营单位的主要负责人有前款违法行为，导致发生生产安全事故的，给予撤职处分；构成犯罪的，依照刑法有关规定追究刑事责任。

生产经营单位的主要负责人依照前款规定受刑事处罚或者撤职处分的，自刑罚执行完毕或者受处分之日起，五年内不得担任任何生产经营单位的主要负责人；对重大、特别重大生产安全事故负有责任的，终身不得担任本行业生产经营单位的主要负责人。

第九十五条 生产经营单位的主要负责人未履行本法规定的安全生产管理职责，导致发生生产安全事故的，由应急管理部门依照下列规定处以罚款：

（一）发生一般事故的，处上一年年收入百分之四十的罚款；

（二）发生较大事故的，处上一年年收入百分之六十的罚款；

（三）发生重大事故的，处上一年年收入百分之八十的罚款；

（四）发生特别重大事故的，处上一年年收入百分之一百的罚款。

第九十六条 生产经营单位的其他负责人和安全生产管理人员未履行本法规

定的安全生产管理职责的，责令限期改正，处一万元以上三万元以下的罚款；导致发生生产安全事故的，暂停或者吊销其与安全生产有关的资格，并处上一年年收入百分之二十以上百分之五十以下的罚款；构成犯罪的，依照刑法有关规定追究刑事责任。

第九十七条　生产经营单位有下列行为之一的，责令限期改正，处十万元以下的罚款；逾期未改正的，责令停产停业整顿，并处十万元以上二十万元以下的罚款，对其直接负责的主管人员和其他直接责任人员处二万元以上五万元以下的罚款：

（一）未按照规定设置安全生产管理机构或者配备安全生产管理人员、注册安全工程师的；

（二）危险物品的生产、经营、储存、装卸单位以及矿山、金属冶炼、建筑施工、运输单位的主要负责人和安全生产管理人员未按照规定经考核合格的；

（三）未按照规定对从业人员、被派遣劳动者、实习学生进行安全生产教育和培训，或者未按照规定如实告知有关的安全生产事项的；

（四）未如实记录安全生产教育和培训情况的；

（五）未将事故隐患排查治理情况如实记录或者未向从业人员通报的；

（六）未按照规定制定生产安全事故应急救援预案或者未定期组织演练的；

（七）特种作业人员未按照规定经专门的安全作业培训并取得相应资格，上岗作业的。

第九十八条　生产经营单位有下列行为之一的，责令停止建设或者停产停业整顿，限期改正，并处十万元以上五十万元以下的罚款，对其直接负责的主管人员和其他直接责任人员处二万元以上五万元以下的罚款；逾期未改正的，处五十万元以上一百万元以下的罚款，对其直接负责的主管人员和其他直接责任人员处五万元以上十万元以下的罚款；构成犯罪的，依照刑法有关规定追究刑事责任：

（一）未按照规定对矿山、金属冶炼建设项目或者用于生产、储存、装卸危险物品的建设项目进行安全评价的；

（二）矿山、金属冶炼建设项目或者用于生产、储存、装卸危险物品的建设项目没有安全设施设计或者安全设施设计未按照规定报经有关部门审查同意的；

（三）矿山、金属冶炼建设项目或者用于生产、储存、装卸危险物品的建设项目的施工单位未按照批准的安全设施设计施工的；

（四）矿山、金属冶炼建设项目或者用于生产、储存、装卸危险物品的建设项目竣工投入生产或者使用前，安全设施未经验收合格的。

第九十九条 生产经营单位有下列行为之一的，责令限期改正，处五万元以下的罚款；逾期未改正的，处五万元以上二十万元以下的罚款，对其直接负责的主管人员和其他直接责任人员处一万元以上二万元以下的罚款；情节严重的，责令停产停业整顿；构成犯罪的，依照刑法有关规定追究刑事责任：

（一）未在有较大危险因素的生产经营场所和有关设施、设备上设置明显的安全警示标志的；

（二）安全设备的安装、使用、检测、改造和报废不符合国家标准或者行业标准的；

（三）未对安全设备进行经常性维护、保养和定期检测的；

（四）关闭、破坏直接关系生产安全的监控、报警、防护、救生设备、设施，或者篡改、隐瞒、销毁其相关数据、信息的；

（五）未为从业人员提供符合国家标准或者行业标准的劳动防护用品的；

（六）危险物品的容器、运输工具，以及涉及人身安全、危险性较大的海洋石油开采特种设备和矿山井下特种设备未经具有专业资质的机构检测、检验合格，取得安全使用证或者安全标志，投入使用的；

（七）使用应当淘汰的危及生产安全的工艺、设备的；

（八）餐饮等行业的生产经营单位使用燃气未安装可燃气体报警装置的。

第一百条 未经依法批准，擅自生产、经营、运输、储存、使用危险物品或者处置废弃危险物品的，依照有关危险物品安全管理的法律、行政法规的规定予以处罚；构成犯罪的，依照刑法有关规定追究刑事责任。

第一百零一条 生产经营单位有下列行为之一的，责令限期改正，处十万元以下的罚款；逾期未改正的，责令停产停业整顿，并处十万元以上二十万元以下的罚款，对其直接负责的主管人员和其他直接责任人员处二万元以上五万元以下的罚款；构成犯罪的，依照刑法有关规定追究刑事责任：

（一）生产、经营、运输、储存、使用危险物品或者处置废弃危险物品，未建立专门安全管理制度、未采取可靠的安全措施的；

（二）对重大危险源未登记建档，未进行定期检测、评估、监控，未制定应急预案，或者未告知应急措施的；

（三）进行爆破、吊装、动火、临时用电以及国务院应急管理部门会同国务院有关部门规定的其他危险作业，未安排专门人员进行现场安全管理的；

（四）未建立安全风险分级管控制度或者未按照安全风险分级采取相应管控

措施的；

（五）未建立事故隐患排查治理制度，或者重大事故隐患排查治理情况未按照规定报告的。

第一百零二条 生产经营单位未采取措施消除事故隐患的，责令立即消除或者限期消除，处五万元以下的罚款；生产经营单位拒不执行的，责令停产停业整顿，对其直接负责的主管人员和其他直接责任人员处五万元以上十万元以下的罚款；构成犯罪的，依照刑法有关规定追究刑事责任。

第一百零三条 生产经营单位将生产经营项目、场所、设备发包或者出租给不具备安全生产条件或者相应资质的单位或者个人的，责令限期改正，没收违法所得；违法所得十万元以上的，并处违法所得二倍以上五倍以下的罚款；没有违法所得或者违法所得不足十万元的，单处或者并处十万元以上二十万元以下的罚款；对其直接负责的主管人员和其他直接责任人员处一万元以上二万元以下的罚款；导致发生生产安全事故给他人造成损害的，与承包方、承租方承担连带赔偿责任。

生产经营单位未与承包单位、承租单位签订专门的安全生产管理协议或者未在承包合同、租赁合同中明确各自的安全生产管理职责，或者未对承包单位、承租单位的安全生产统一协调、管理的，责令限期改正，处五万元以下的罚款，对其直接负责的主管人员和其他直接责任人员处一万元以下的罚款；逾期未改正的，责令停产停业整顿。

矿山、金属冶炼建设项目和用于生产、储存、装卸危险物品的建设项目的施工单位未按照规定对施工项目进行安全管理的，责令限期改正，处十万元以下的罚款，对其直接负责的主管人员和其他直接责任人员处二万元以下的罚款；逾期未改正的，责令停产停业整顿。以上施工单位倒卖、出租、出借、挂靠或者以其他形式非法转让施工资质的，责令停产停业整顿，吊销资质证书，没收违法所得；违法所得十万元以上的，并处违法所得二倍以上五倍以下的罚款，没有违法所得或者违法所得不足十万元的，单处或者并处十万元以上二十万元以下的罚款；对其直接负责的主管人员和其他直接责任人员处五万元以上十万元以下的罚款；构成犯罪的，依照刑法有关规定追究刑事责任。

第一百零四条 两个以上生产经营单位在同一作业区域内进行可能危及对方安全生产的生产经营活动，未签订安全生产管理协议或者未指定专职安全生产管理人员进行安全检查与协调的，责令限期改正，处五万元以下的罚款，对其直接负责的主管人员和其他直接责任人员处一万元以下的罚款；逾期未改正的，责令停产停业。

第一百零五条　生产经营单位有下列行为之一的，责令限期改正，处五万元以下的罚款，对其直接负责的主管人员和其他直接责任人员处一万元以下的罚款；逾期未改正的，责令停产停业整顿；构成犯罪的，依照刑法有关规定追究刑事责任：

（一）生产、经营、储存、使用危险物品的车间、商店、仓库与员工宿舍在同一座建筑内，或者与员工宿舍的距离不符合安全要求的；

（二）生产经营场所和员工宿舍未设有符合紧急疏散需要、标志明显、保持畅通的出口、疏散通道，或者占用、锁闭、封堵生产经营场所或者员工宿舍出口、疏散通道的。

第一百零六条　生产经营单位与从业人员订立协议，免除或者减轻其对从业人员因生产安全事故伤亡依法应承担的责任的，该协议无效；对生产经营单位的主要负责人、个人经营的投资人处二万元以上十万元以下的罚款。

第一百零七条　生产经营单位的从业人员不落实岗位安全责任，不服从管理，违反安全生产规章制度或者操作规程的，由生产经营单位给予批评教育，依照有关规章制度给予处分；构成犯罪的，依照刑法有关规定追究刑事责任。

第一百零八条　违反本法规定，生产经营单位拒绝、阻碍负有安全生产监督管理职责的部门依法实施监督检查的，责令改正；拒不改正的，处二万元以上二十万元以下的罚款；对其直接负责的主管人员和其他直接责任人员处一万元以上二万元以下的罚款；构成犯罪的，依照刑法有关规定追究刑事责任。

第一百零九条　高危行业、领域的生产经营单位未按照国家规定投保安全生产责任保险的，责令限期改正，处五万元以上十万元以下的罚款；逾期未改正的，处十万元以上二十万元以下的罚款。

第一百一十条　生产经营单位的主要负责人在本单位发生生产安全事故时，不立即组织抢救或者在事故调查处理期间擅离职守或者逃匿的，给予降级、撤职的处分，并由应急管理部门处上一年年收入百分之六十至百分之一百的罚款；对逃匿的处十五日以下拘留；构成犯罪的，依照刑法有关规定追究刑事责任。

生产经营单位的主要负责人对生产安全事故隐瞒不报、谎报或者迟报的，依照前款规定处罚。

第一百一十一条　有关地方人民政府、负有安全生产监督管理职责的部门，对生产安全事故隐瞒不报、谎报或者迟报的，对直接负责的主管人员和其他直接责任人员依法给予处分；构成犯罪的，依照刑法有关规定追究刑事责任。

第一百一十二条　生产经营单位违反本法规定，被责令改正且受到罚款处罚，拒不改正的，负有安全生产监督管理职责的部门可以自作出责令改正之日的次日起，按照原处罚数额按日连续处罚。

第一百一十三条　生产经营单位存在下列情形之一的，负有安全生产监督管理职责的部门应当提请地方人民政府予以关闭，有关部门应当依法吊销其有关证照。生产经营单位主要负责人五年内不得担任任何生产经营单位的主要负责人；情节严重的，终身不得担任本行业生产经营单位的主要负责人：

（一）存在重大事故隐患，一百八十日内三次或者一年内四次受到本法规定的行政处罚的；

（二）经停产停业整顿，仍不具备法律、行政法规和国家标准或者行业标准规定的安全生产条件的；

（三）不具备法律、行政法规和国家标准或者行业标准规定的安全生产条件，导致发生重大、特别重大生产安全事故的；

（四）拒不执行负有安全生产监督管理职责的部门作出的停产停业整顿决定的。

第一百一十四条　发生生产安全事故，对负有责任的生产经营单位除要求其依法承担相应的赔偿等责任外，由应急管理部门依照下列规定处以罚款：

（一）发生一般事故的，处三十万元以上一百万元以下的罚款；

（二）发生较大事故的，处一百万元以上二百万元以下的罚款；

（三）发生重大事故的，处二百万元以上一千万元以下的罚款；

（四）发生特别重大事故的，处一千万元以上二千万元以下的罚款。

发生生产安全事故，情节特别严重、影响特别恶劣的，应急管理部门可以按照前款罚款数额的二倍以上五倍以下对负有责任的生产经营单位处以罚款。

第一百一十五条　本法规定的行政处罚，由应急管理部门和其他负有安全生产监督管理职责的部门按照职责分工决定；其中，根据本法第九十五条、第一百一十条、第一百一十四条的规定应当给予民航、铁路、电力行业的生产经营单位及其主要负责人行政处罚的，也可以由主管的负有安全生产监督管理职责的部门进行处罚。予以关闭的行政处罚，由负有安全生产监督管理职责的部门报请县级以上人民政府按照国务院规定的权限决定；给予拘留的行政处罚，由公安机关依照治安管理处罚的规定决定。

第一百一十六条　生产经营单位发生生产安全事故造成人员伤亡、他人财产损失的，应当依法承担赔偿责任；拒不承担或者其负责人逃匿的，由人民法院依法强制执行。

生产安全事故的责任人未依法承担赔偿责任，经人民法院依法采取执行措施后，仍不能对受害人给予足额赔偿的，应当继续履行赔偿义务；受害人发现责任人有其他财产的，可以随时请求人民法院执行。

第七章　附　　则

第一百一十七条　本法下列用语的含义：

危险物品，是指易燃易爆物品、危险化学品、放射性物品等能够危及人身安全和财产安全的物品。

重大危险源，是指长期地或者临时地生产、搬运、使用或者储存危险物品，且危险物品的数量等于或者超过临界量的单元（包括场所和设施）。

第一百一十八条　本法规定的生产安全一般事故、较大事故、重大事故、特别重大事故的划分标准由国务院规定。

国务院应急管理部门和其他负有安全生产监督管理职责的部门应当根据各自的职责分工，制定相关行业、领域重大危险源的辨识标准和重大事故隐患的判定标准。

第一百一十九条　本法自2002年11月1日起施行。

中华人民共和国消防法

（1998年4月29日第九届全国人民代表大会常务委员会第二次会议通过 2008年10月28日第十一届全国人民代表大会常务委员会第五次会议修订 根据2019年4月23日第十三届全国人民代表大会常务委员会第十次会议《关于修改〈中华人民共和国建筑法〉等八部法律的决定》第一次修正 根据2021年4月29日第十三届全国人民代表大会常务委员会第二十八次会议《关于修改〈中华人民共和国道路交通安全法〉等八部法律的决定》第二次修正）

目　录

第一章　总　　则

第二章　火灾预防

第三章　消防组织

第四章　灭火救援

第五章　监督检查

第六章　法律责任

第七章　附　　则

第一章　总　　则

第一条　为了预防火灾和减少火灾危害，加强应急救援工作，保护人身、财产安全，维护公共安全，制定本法。

第二条　消防工作贯彻预防为主、防消结合的方针，按照政府统一领导、部门依法监管、单位全面负责、公民积极参与的原则，实行消防安全责任制，建立健全社会化的消防工作网络。

第三条　国务院领导全国的消防工作。地方各级人民政府负责本行政区域内的消防工作。

各级人民政府应当将消防工作纳入国民经济和社会发展计划，保障消防工作与经济社会发展相适应。

第四条　国务院应急管理部门对全国的消防工作实施监督管理。县级以上地方人民政府应急管理部门对本行政区域内的消防工作实施监督管理，并由本级人民政府消防救援机构负责实施。军事设施的消防工作，由其主管单位监督管理，消防救援机构协助；矿井地下部分、核电厂、海上石油天然气设施的消防工作，由其主管单位监督管理。

县级以上人民政府其他有关部门在各自的职责范围内，依照本法和其他相关法律、法规的规定做好消防工作。

法律、行政法规对森林、草原的消防工作另有规定的，从其规定。

第五条 任何单位和个人都有维护消防安全、保护消防设施、预防火灾、报告火警的义务。任何单位和成年人都有参加有组织的灭火工作的义务。

第六条 各级人民政府应当组织开展经常性的消防宣传教育，提高公民的消防安全意识。

机关、团体、企业、事业等单位，应当加强对本单位人员的消防宣传教育。

应急管理部门及消防救援机构应当加强消防法律、法规的宣传，并督促、指导、协助有关单位做好消防宣传教育工作。

教育、人力资源行政主管部门和学校、有关职业培训机构应当将消防知识纳入教育、教学、培训的内容。

新闻、广播、电视等有关单位，应当有针对性地面向社会进行消防宣传教育。

工会、共产主义青年团、妇女联合会等团体应当结合各自工作对象的特点，组织开展消防宣传教育。

村民委员会、居民委员会应当协助人民政府以及公安机关、应急管理等部门，加强消防宣传教育。

第七条 国家鼓励、支持消防科学研究和技术创新，推广使用先进的消防和应急救援技术、设备；鼓励、支持社会力量开展消防公益活动。

对在消防工作中有突出贡献的单位和个人，应当按照国家有关规定给予表彰和奖励。

第二章　火灾预防

第八条 地方各级人民政府应当将包括消防安全布局、消防站、消防供水、消防通信、消防车通道、消防装备等内容的消防规划纳入城乡规划，并负责组织实施。

城乡消防安全布局不符合消防安全要求的，应当调整、完善；公共消防设施、消防装备不足或者不适应实际需要的，应当增建、改建、配置或者进行技术改造。

第九条 建设工程的消防设计、施工必须符合国家工程建设消防技术标准。

建设、设计、施工、工程监理等单位依法对建设工程的消防设计、施工质量负责。

第十条 对按照国家工程建设消防技术标准需要进行消防设计的建设工程，实行建设工程消防设计审查验收制度。

第十一条 国务院住房和城乡建设主管部门规定的特殊建设工程，建设单位应当将消防设计文件报送住房和城乡建设主管部门审查，住房和城乡建设主管部门依法对审查的结果负责。

前款规定以外的其他建设工程，建设单位申请领取施工许可证或者申请批准开工报告时应当提供满足施工需要的消防设计图纸及技术资料。

第十二条 特殊建设工程未经消防设计审查或者审查不合格的，建设单位、施工单位不得施工；其他建设工程，建设单位未提供满足施工需要的消防设计图纸及技术资料的，有关部门不得发放施工许可证或者批准开工报告。

第十三条 国务院住房和城乡建设主管部门规定应当申请消防验收的建设工程竣工，建设单位应当向住房和城乡建设主管部门申请消防验收。

前款规定以外的其他建设工程，建设单位在验收后应当报住房和城乡建设主管部门备案，住房和城乡建设主管部门应当进行抽查。

依法应当进行消防验收的建设工程，未经消防验收或者消防验收不合格的，禁止投入使用；其他建设工程经依法抽查不合格的，应当停止使用。

第十四条 建设工程消防设计审查、消防验收、备案和抽查的具体办法，由国务院住房和城乡建设主管部门规定。

第十五条 公众聚集场所投入使用、营业前消防安全检查实行告知承诺管理。公众聚集场所在投入使用、营业前，建设单位或者使用单位应当向场所所在地的县级以上地方人民政府消防救援机构申请消防安全检查，作出场所符合消防技术标准和管理规定的承诺，提交规定的材料，并对其承诺和材料的真实性负责。

消防救援机构对申请人提交的材料进行审查；申请材料齐全、符合法定形式的，应当予以许可。消防救援机构应当根据消防技术标准和管理规定，及时对作出承诺的公众聚集场所进行核查。

申请人选择不采用告知承诺方式办理的，消防救援机构应当自受理申请之日起十个工作日内，根据消防技术标准和管理规定，对该场所进行检查。经检查符合消防安全要求的，应当予以许可。

公众聚集场所未经消防救援机构许可的，不得投入使用、营业。消防安全检查的具体办法，由国务院应急管理部门制定。

第十六条 机关、团体、企业、事业等单位应当履行下列消防安全职责：

（一）落实消防安全责任制，制定本单位的消防安全制度、消防安全操作规程，制定灭火和应急疏散预案；

（二）按照国家标准、行业标准配置消防设施、器材，设置消防安全标志，并定期组织检验、维修，确保完好有效；

（三）对建筑消防设施每年至少进行一次全面检测，确保完好有效，检测记录应当完整准确，存档备查；

（四）保障疏散通道、安全出口、消防车通道畅通，保证防火防烟分区、防火间距符合消防技术标准；

（五）组织防火检查，及时消除火灾隐患；

（六）组织进行有针对性的消防演练；

（七）法律、法规规定的其他消防安全职责。

单位的主要负责人是本单位的消防安全责任人。

第十七条 县级以上地方人民政府消防救援机构应当将发生火灾可能性较大以及发生火灾可能造成重大的人身伤亡或者财产损失的单位，确定为本行政区域内的消防安全重点单位，并由应急管理部门报本级人民政府备案。

消防安全重点单位除应当履行本法第十六条规定的职责外，还应当履行下列消防安全职责：

（一）确定消防安全管理人，组织实施本单位的消防安全管理工作；

（二）建立消防档案，确定消防安全重点部位，设置防火标志，实行严格管理；

（三）实行每日防火巡查，并建立巡查记录；

（四）对职工进行岗前消防安全培训，定期组织消防安全培训和消防演练。

第十八条 同一建筑物由两个以上单位管理或者使用的，应当明确各方的消防安全责任，并确定责任人对共用的疏散通道、安全出口、建筑消防设施和消防车通道进行统一管理。

住宅区的物业服务企业应当对管理区域内的共用消防设施进行维护管理，提供消防安全防范服务。

第十九条 生产、储存、经营易燃易爆危险品的场所不得与居住场所设置在同一建筑物内，并应当与居住场所保持安全距离。

生产、储存、经营其他物品的场所与居住场所设置在同一建筑物内的，应当符合国家工程建设消防技术标准。

第二十条 举办大型群众性活动，承办人应当依法向公安机关申请安全许可，制定灭火和应急疏散预案并组织演练，明确消防安全责任分工，确定消防安全管理人员，保持消防设施和消防器材配置齐全、完好有效，保证疏散通道、安全出口、疏散指示标志、应急照明和消防车通道符合消防技术标准和管理规定。

第二十一条 禁止在具有火灾、爆炸危险的场所吸烟、使用明火。因施工等特殊情况需要使用明火作业的，应当按照规定事先办理审批手续，采取相应的消防安全措施；作业人员应当遵守消防安全规定。

进行电焊、气焊等具有火灾危险作业的人员和自动消防系统的操作人员，必须持证上岗，并遵守消防安全操作规程。

第二十二条 生产、储存、装卸易燃易爆危险品的工厂、仓库和专用车站、码头的设置，应当符合消防技术标准。易燃易爆气体和液体的充装站、供应站、调压站，应当设置在符合消防安全要求的位置，并符合防火防爆要求。

已经设置的生产、储存、装卸易燃易爆危险品的工厂、仓库和专用车站、码头，易燃易爆气体和液体的充装站、供应站、调压站，不再符合前款规定的，地方人民政府应当组织、协调有关部门、单位限期解决，消除安全隐患。

第二十三条 生产、储存、运输、销售、使用、销毁易燃易爆危险品，必须执行消防技术标准和管理规定。

进入生产、储存易燃易爆危险品的场所，必须执行消防安全规定。禁止非法携带易燃易爆危险品进入公共场所或者乘坐公共交通工具。

储存可燃物资仓库的管理，必须执行消防技术标准和管理规定。

第二十四条 消防产品必须符合国家标准；没有国家标准的，必须符合行业标准。禁止生产、销售或者使用不合格的消防产品以及国家明令淘汰的消防产品。

依法实行强制性产品认证的消防产品，由具有法定资质的认证机构按照国家标准、行业标准的强制性要求认证合格后，方可生产、销售、使用。实行强制性产品认证的消防产品目录，由国务院产品质量监督部门会同国务院应急管理部门制定并公布。

新研制的尚未制定国家标准、行业标准的消防产品，应当按照国务院产品质量监督部门会同国务院应急管理部门规定的办法，经技术鉴定符合消防安全要求的，方可生产、销售、使用。

依照本条规定经强制性产品认证合格或者技术鉴定合格的消防产品，国务院应急管理部门应当予以公布。

第二十五条 产品质量监督部门、工商行政管理部门、消防救援机构应当按照各自职责加强对消防产品质量的监督检查。

第二十六条　建筑构件、建筑材料和室内装修、装饰材料的防火性能必须符合国家标准；没有国家标准的，必须符合行业标准。

人员密集场所室内装修、装饰，应当按照消防技术标准的要求，使用不燃、难燃材料。

第二十七条　电器产品、燃气用具的产品标准，应当符合消防安全的要求。

电器产品、燃气用具的安装、使用及其线路、管路的设计、敷设、维护保养、检测，必须符合消防技术标准和管理规定。

第二十八条　任何单位、个人不得损坏、挪用或者擅自拆除、停用消防设施、器材，不得埋压、圈占、遮挡消火栓或者占用防火间距，不得占用、堵塞、封闭疏散通道、安全出口、消防车通道。人员密集场所的门窗不得设置影响逃生和灭火救援的障碍物。

第二十九条　负责公共消防设施维护管理的单位，应当保持消防供水、消防通信、消防车通道等公共消防设施的完好有效。在修建道路以及停电、停水、截断通信线路时有可能影响消防队灭火救援的，有关单位必须事先通知当地消防救援机构。

第三十条　地方各级人民政府应当加强对农村消防工作的领导，采取措施加强公共消防设施建设，组织建立和督促落实消防安全责任制。

第三十一条　在农业收获季节、森林和草原防火期间、重大节假日期间以及火灾多发季节，地方各级人民政府应当组织开展有针对性的消防宣传教育，采取防火措施，进行消防安全检查。

第三十二条　乡镇人民政府、城市街道办事处应当指导、支持和帮助村民委员会、居民委员会开展群众性的消防工作。村民委员会、居民委员会应当确定消防安全管理人，组织制定防火安全公约，进行防火安全检查。

第三十三条　国家鼓励、引导公众聚集场所和生产、储存、运输、销售易燃易爆危险品的企业投保火灾公众责任保险；鼓励保险公司承保火灾公众责任保险。

第三十四条　消防设施维护保养检测、消防安全评估等消防技术服务机构应当符合从业条件，执业人员应当依法获得相应的资格；依照法律、行政法规、国家标准、行业标准和执业准则，接受委托提供消防技术服务，并对服务质量负责。

第三章　消防组织

第三十五条　各级人民政府应当加强消防组织建设，根据经济社会发展的需要，建立多种形式的消防组织，加强消防技术人才培养，增强火灾预防、扑救和应急救援的能力。

第三十六条 县级以上地方人民政府应当按照国家规定建立国家综合性消防救援队、专职消防队，并按照国家标准配备消防装备，承担火灾扑救工作。

乡镇人民政府应当根据当地经济发展和消防工作的需要，建立专职消防队、志愿消防队，承担火灾扑救工作。

第三十七条 国家综合性消防救援队、专职消防队按照国家规定承担重大灾害事故和其他以抢救人员生命为主的应急救援工作。

第三十八条 国家综合性消防救援队、专职消防队应当充分发挥火灾扑救和应急救援专业力量的骨干作用；按照国家规定，组织实施专业技能训练，配备并维护保养装备器材，提高火灾扑救和应急救援的能力。

第三十九条 下列单位应当建立单位专职消防队，承担本单位的火灾扑救工作：

（一）大型核设施单位、大型发电厂、民用机场、主要港口；

（二）生产、储存易燃易爆危险品的大型企业；

（三）储备可燃的重要物资的大型仓库、基地；

（四）第一项、第二项、第三项规定以外的火灾危险性较大、距离国家综合性消防救援队较远的其他大型企业；

（五）距离国家综合性消防救援队较远、被列为全国重点文物保护单位的古建筑群的管理单位。

第四十条 专职消防队的建立，应当符合国家有关规定，并报当地消防救援机构验收。

专职消防队的队员依法享受社会保险和福利待遇。

第四十一条 机关、团体、企业、事业等单位以及村民委员会、居民委员会根据需要，建立志愿消防队等多种形式的消防组织，开展群众性自防自救工作。

第四十二条 消防救援机构应当对专职消防队、志愿消防队等消防组织进行业务指导；根据扑救火灾的需要，可以调动指挥专职消防队参加火灾扑救工作。

第四章　灭火救援

第四十三条 县级以上地方人民政府应当组织有关部门针对本行政区域内的火灾特点制定应急预案，建立应急反应和处置机制，为火灾扑救和应急救援工作提供人员、装备等保障。

第四十四条 任何人发现火灾都应当立即报警。任何单位、个人都应当无偿为报警提供便利，不得阻拦报警。严禁谎报火警。

人员密集场所发生火灾，该场所的现场工作人员应当立即组织、引导在场人员疏散。

任何单位发生火灾，必须立即组织力量扑救。邻近单位应当给予支援。

消防队接到火警，必须立即赶赴火灾现场，救助遇险人员，排除险情，扑灭火灾。

第四十五条 消防救援机构统一组织和指挥火灾现场扑救，应当优先保障遇险人员的生命安全。

火灾现场总指挥根据扑救火灾的需要，有权决定下列事项：

（一）使用各种水源；

（二）截断电力、可燃气体和可燃液体的输送，限制用火用电；

（三）划定警戒区，实行局部交通管制；

（四）利用临近建筑物和有关设施；

（五）为了抢救人员和重要物资，防止火势蔓延，拆除或者破损毗邻火灾现场的建筑物、构筑物或者设施等；

（六）调动供水、供电、供气、通信、医疗救护、交通运输、环境保护等有关单位协助灭火救援。

根据扑救火灾的紧急需要，有关地方人民政府应当组织人员、调集所需物资支援灭火。

第四十六条 国家综合性消防救援队、专职消防队参加火灾以外的其他重大灾害事故的应急救援工作，由县级以上人民政府统一领导。

第四十七条 消防车、消防艇前往执行火灾扑救或者应急救援任务，在确保安全的前提下，不受行驶速度、行驶路线、行驶方向和指挥信号的限制，其他车辆、船舶以及行人应当让行，不得穿插超越；收费公路、桥梁免收车辆通行费。交通管理指挥人员应当保证消防车、消防艇迅速通行。

赶赴火灾现场或者应急救援现场的消防人员和调集的消防装备、物资，需要铁路、水路或者航空运输的，有关单位应当优先运输。

第四十八条 消防车、消防艇以及消防器材、装备和设施，不得用于与消防和应急救援工作无关的事项。

第四十九条 国家综合性消防救援队、专职消防队扑救火灾、应急救援，不得收取任何费用。

单位专职消防队、志愿消防队参加扑救外单位火灾所损耗的燃料、灭火剂和器材、装备等，由火灾发生地的人民政府给予补偿。

第五十条 对因参加扑救火灾或者应急救援受伤、致残或者死亡的人员，按照国家有关规定给予医疗、抚恤。

第五十一条 消防救援机构有权根据需要封闭火灾现场，负责调查火灾原因，统计火灾损失。

火灾扑灭后，发生火灾的单位和相关人员应当按照消防救援机构的要求保护现场，接受事故调查，如实提供与火灾有关的情况。

消防救援机构根据火灾现场勘验、调查情况和有关的检验、鉴定意见，及时制作火灾事故认定书，作为处理火灾事故的证据。

第五章 监督检查

第五十二条 地方各级人民政府应当落实消防工作责任制，对本级人民政府有关部门履行消防安全职责的情况进行监督检查。

县级以上地方人民政府有关部门应当根据本系统的特点，有针对性地开展消防安全检查，及时督促整改火灾隐患。

第五十三条 消防救援机构应当对机关、团体、企业、事业等单位遵守消防法律、法规的情况依法进行监督检查。公安派出所可以负责日常消防监督检查、开展消防宣传教育，具体办法由国务院公安部门规定。

消防救援机构、公安派出所的工作人员进行消防监督检查，应当出示证件。

第五十四条 消防救援机构在消防监督检查中发现火灾隐患的，应当通知有关单位或者个人立即采取措施消除隐患；不及时消除隐患可能严重威胁公共安全的，消防救援机构应当依照规定对危险部位或者场所采取临时查封措施。

第五十五条 消防救援机构在消防监督检查中发现城乡消防安全布局、公共消防设施不符合消防安全要求，或者发现本地区存在影响公共安全的重大火灾隐患的，应当由应急管理部门书面报告本级人民政府。

接到报告的人民政府应当及时核实情况，组织或者责成有关部门、单位采取措施，予以整改。

第五十六条 住房和城乡建设主管部门、消防救援机构及其工作人员应当按照法定的职权和程序进行消防设计审查、消防验收、备案抽查和消防安全检查，做到公正、严格、文明、高效。

住房和城乡建设主管部门、消防救援机构及其工作人员进行消防设计审查、消防验收、备案抽查和消防安全检查等，不得收取费用，不得利用职务谋取利益；不得利用职务为用户、建设单位指定或者变相指定消防产品的品牌、销售单位或者消防技术服务机构、消防设施施工单位。

第五十七条 住房和城乡建设主管部门、消防救援机构及其工作人员执行职务，应当自觉接受社会和公民的监督。

任何单位和个人都有权对住房和城乡建设主管部门、消防救援机构及其工作人员在执法中的违法行为进行检举、控告。收到检举、控告的机关，应当按照职责及时查处。

第六章　法律责任

第五十八条 违反本法规定，有下列行为之一的，由住房和城乡建设主管部门、消防救援机构按照各自职权责令停止施工、停止使用或者停产停业，并处三万元以上三十万元以下罚款：

（一）依法应当进行消防设计审查的建设工程，未经依法审查或者审查不合格，擅自施工的；

（二）依法应当进行消防验收的建设工程，未经消防验收或者消防验收不合格，擅自投入使用的；

（三）本法第十三条规定的其他建设工程验收后经依法抽查不合格，不停止使用的；

（四）公众聚集场所未经消防救援机构许可，擅自投入使用、营业的，或者经核查发现场所使用、营业情况与承诺内容不符的。

核查发现公众聚集场所使用、营业情况与承诺内容不符，经责令限期改正，逾期不整改或者整改后仍达不到要求的，依法撤销相应许可。

建设单位未依照本法规定在验收后报住房和城乡建设主管部门备案的，由住房和城乡建设主管部门责令改正，处五千元以下罚款。

第五十九条 违反本法规定，有下列行为之一的，由住房和城乡建设主管部门责令改正或者停止施工，并处一万元以上十万元以下罚款：

（一）建设单位要求建筑设计单位或者建筑施工企业降低消防技术标准设计、施工的；

（二）建筑设计单位不按照消防技术标准强制性要求进行消防设计的；

（三）建筑施工企业不按照消防设计文件和消防技术标准施工，降低消防施工质量的；

（四）工程监理单位与建设单位或者建筑施工企业串通，弄虚作假，降低消防施工质量的。

第六十条　单位违反本法规定，有下列行为之一的，责令改正，处五千元以上五万元以下罚款：

（一）消防设施、器材或者消防安全标志的配置、设置不符合国家标准、行业标准，或者未保持完好有效的；

（二）损坏、挪用或者擅自拆除、停用消防设施、器材的；

（三）占用、堵塞、封闭疏散通道、安全出口或者有其他妨碍安全疏散行为的；

（四）埋压、圈占、遮挡消火栓或者占用防火间距的；

（五）占用、堵塞、封闭消防车通道，妨碍消防车通行的；

（六）人员密集场所在门窗上设置影响逃生和灭火救援的障碍物的；

（七）对火灾隐患经消防救援机构通知后不及时采取措施消除的。

个人有前款第二项、第三项、第四项、第五项行为之一的，处警告或者五百元以下罚款。

有本条第一款第三项、第四项、第五项、第六项行为，经责令改正拒不改正的，强制执行，所需费用由违法行为人承担。

第六十一条　生产、储存、经营易燃易爆危险品的场所与居住场所设置在同一建筑物内，或者未与居住场所保持安全距离的，责令停产停业，并处五千元以上五万元以下罚款。

生产、储存、经营其他物品的场所与居住场所设置在同一建筑物内，不符合消防技术标准的，依照前款规定处罚。

第六十二条　有下列行为之一的，依照《中华人民共和国治安管理处罚法》的规定处罚：

（一）违反有关消防技术标准和管理规定生产、储存、运输、销售、使用、销毁易燃易爆危险品的；

（二）非法携带易燃易爆危险品进入公共场所或者乘坐公共交通工具的；

（三）谎报火警的；

（四）阻碍消防车、消防艇执行任务的；

（五）阻碍消防救援机构的工作人员依法执行职务的。

第六十三条　违反本法规定，有下列行为之一的，处警告或者五百元以下罚款；情节严重的，处五日以下拘留：

（一）违反消防安全规定进入生产、储存易燃易爆危险品场所的；

（二）违反规定使用明火作业或者在具有火灾、爆炸危险的场所吸烟、使用明火的。

第六十四条 违反本法规定，有下列行为之一，尚不构成犯罪的，处十日以上十五日以下拘留，可以并处五百元以下罚款；情节较轻的，处警告或者五百元以下罚款：

（一）指使或者强令他人违反消防安全规定，冒险作业的；

（二）过失引起火灾的；

（三）在火灾发生后阻拦报警，或者负有报告职责的人员不及时报警的；

（四）扰乱火灾现场秩序，或者拒不执行火灾现场指挥员指挥，影响灭火救援的；

（五）故意破坏或者伪造火灾现场的；

（六）擅自拆封或者使用被消防救援机构查封的场所、部位的。

第六十五条 违反本法规定，生产、销售不合格的消防产品或者国家明令淘汰的消防产品的，由产品质量监督部门或者工商行政管理部门依照《中华人民共和国产品质量法》的规定从重处罚。

人员密集场所使用不合格的消防产品或者国家明令淘汰的消防产品的，责令限期改正；逾期不改正的，处五千元以上五万元以下罚款，并对其直接负责的主管人员和其他直接责任人员处五百元以上二千元以下罚款；情节严重的，责令停产停业。

消防救援机构对于本条第二款规定的情形，除依法对使用者予以处罚外，应当将发现不合格的消防产品和国家明令淘汰的消防产品的情况通报产品质量监督部门、工商行政管理部门。产品质量监督部门、工商行政管理部门应当对生产者、销售者依法及时查处。

第六十六条 电器产品、燃气用具的安装、使用及其线路、管路的设计、敷设、维护保养、检测不符合消防技术标准和管理规定的，责令限期改正；逾期不改正的，责令停止使用，可以并处一千元以上五千元以下罚款。

第六十七条 机关、团体、企业、事业等单位违反本法第十六条、第十七条、第十八条、第二十一条第二款规定的，责令限期改正；逾期不改正的，对其直接负责的主管人员和其他直接责任人员依法给予处分或者给予警告处罚。

第六十八条 人员密集场所发生火灾，该场所的现场工作人员不履行组织、引导在场人员疏散的义务，情节严重，尚不构成犯罪的，处五日以上十日以下拘留。

第六十九条 消防设施维护保养检测、消防安全评估等消防技术服务机构，不具备从业条件从事消防技术服务活动或者出具虚假文件的，由消防救援机构责令改正，处五万元以上十万元以下罚款，并对直接负责的主管人员和其他直接责任人员处一万元以上五万元以下罚款；不按照国家标准、行业标准开展消防技术服务活动的，责令改正，处五万元以下罚款，并对直接负责的主管人员和其他直接责任人员处一万元以下罚款；有违法所得的，并处没收违法所得；给他人造成损失的，依法承担赔偿责任；情节严重的，依法责令停止执业或者吊销相应资格；造成重大损失的，由相关部门吊销营业执照，并对有关责任人员采取终身市场禁入措施。

前款规定的机构出具失实文件，给他人造成损失的，依法承担赔偿责任；造成重大损失的，由消防救援机构依法责令停止执业或者吊销相应资格，由相关部门吊销营业执照，并对有关责任人员采取终身市场禁入措施。

第七十条 本法规定的行政处罚，除应当由公安机关依照《中华人民共和国治安管理处罚法》的有关规定决定的外，由住房和城乡建设主管部门、消防救援机构按照各自职权决定。

被责令停止施工、停止使用、停产停业的，应当在整改后向作出决定的部门或者机构报告，经检查合格，方可恢复施工、使用、生产、经营。

当事人逾期不执行停产停业、停止使用、停止施工决定的，由作出决定的部门或者机构强制执行。

责令停产停业，对经济和社会生活影响较大的，由住房和城乡建设主管部门或者应急管理部门报请本级人民政府依法决定。

第七十一条 住房和城乡建设主管部门、消防救援机构的工作人员滥用职权、玩忽职守、徇私舞弊，有下列行为之一，尚不构成犯罪的，依法给予处分：

（一）对不符合消防安全要求的消防设计文件、建设工程、场所准予审查合格、消防验收合格、消防安全检查合格的；

（二）无故拖延消防设计审查、消防验收、消防安全检查，不在法定期限内履行职责的；

（三）发现火灾隐患不及时通知有关单位或者个人整改的；

（四）利用职务为用户、建设单位指定或者变相指定消防产品的品牌、销售单位或者消防技术服务机构、消防设施施工单位的；

（五）将消防车、消防艇以及消防器材、装备和设施用于与消防和应急救援无关的事项的；

（六）其他滥用职权、玩忽职守、徇私舞弊的行为。

产品质量监督、工商行政管理等其他有关行政主管部门的工作人员在消防工作中滥用职权、玩忽职守、徇私舞弊，尚不构成犯罪的，依法给予处分。

第七十二条　违反本法规定，构成犯罪的，依法追究刑事责任。

第七章　附　　则

第七十三条　本法下列用语的含义：

（一）消防设施，是指火灾自动报警系统、自动灭火系统、消火栓系统、防烟排烟系统以及应急广播和应急照明、安全疏散设施等。

（二）消防产品，是指专门用于火灾预防、灭火救援和火灾防护、避难、逃生的产品。

（三）公众聚集场所，是指宾馆、饭店、商场、集贸市场、客运车站候车室、客运码头候船厅、民用机场航站楼、体育场馆、会堂以及公共娱乐场所等。

（四）人员密集场所，是指公众聚集场所，医院的门诊楼、病房楼，学校的教学楼、图书馆、食堂和集体宿舍，养老院，福利院，托儿所，幼儿园，公共图书馆的阅览室，公共展览馆、博物馆的展示厅，劳动密集型企业的生产加工车间和员工集体宿舍，旅游、宗教活动场所等。

第七十四条　本法自2009年5月1日起施行。

中华人民共和国职业病防治法

（2001年10月27日第九届全国人民代表大会常务委员会第二十四次会议通过 根据2011年12月31日第十一届全国人民代表大会常务委员会第二十四次会议《关于修改〈中华人民共和国职业病防治法〉的决定》第一次修正 根据2016年7月2日第十二届全国人民代表大会常务委员会第二十一次会议《关于修改〈中华人民共和国节约能源法〉等六部法律的决定》第二次修正 根据2017年11月4日第十二届全国人民代表大会常务委员会第三十次会议《关于修改〈中华人民共和国会计法〉等十一部法律的决定》第三次修正 根据2018年12月29日第十三届全国人民代表大会常务委员会第七次会议《关于修改〈中华人民共和国劳动法〉等七部法律的决定》第四次修正）

目 录

第一章 总 则
第二章 前期预防
第三章 劳动过程中的防护与管理
第四章 职业病诊断与职业病病人保障
第五章 监督检查
第六章 法律责任
第七章 附 则

第一章 总 则

第一条 为了预防、控制和消除职业病危害，防治职业病，保护劳动者健康及其相关权益，促进经济社会发展，根据宪法，制定本法。

第二条 本法适用于中华人民共和国领域内的职业病防治活动。

本法所称职业病，是指企业、事业单位和个体经济组织等用人单位的劳动者在职业活动中，因接触粉尘、放射性物质和其他有毒、有害因素而引起的疾病。

职业病的分类和目录由国务院卫生行政部门会同国务院劳动保障行政部门制定、调整并公布。

第三条 职业病防治工作坚持预防为主、防治结合的方针，建立用人单位负责、行政机关监管、行业自律、职工参与和社会监督的机制，实行分类管理、综合治理。

第四条 劳动者依法享有职业卫生保护的权利。

用人单位应当为劳动者创造符合国家职业卫生标准和卫生要求的工作环境和条件，并采取措施保障劳动者获得职业卫生保护。

工会组织依法对职业病防治工作进行监督，维护劳动者的合法权益。用人单位制定或者修改有关职业病防治的规章制度，应当听取工会组织的意见。

第五条 用人单位应当建立、健全职业病防治责任制，加强对职业病防治的管理，提高职业病防治水平，对本单位产生的职业病危害承担责任。

第六条 用人单位的主要负责人对本单位的职业病防治工作全面负责。

第七条 用人单位必须依法参加工伤保险。

国务院和县级以上地方人民政府劳动保障行政部门应当加强对工伤保险的监督管理，确保劳动者依法享受工伤保险待遇。

第八条 国家鼓励和支持研制、开发、推广、应用有利于职业病防治和保护劳动者健康的新技术、新工艺、新设备、新材料，加强对职业病的机理和发生规律的基础研究，提高职业病防治科学技术水平；积极采用有效的职业病防治技术、工艺、设备、材料；限制使用或者淘汰职业病危害严重的技术、工艺、设备、材料。

国家鼓励和支持职业病医疗康复机构的建设。

第九条 国家实行职业卫生监督制度。

国务院卫生行政部门、劳动保障行政部门依照本法和国务院确定的职责，负责全国职业病防治的监督管理工作。国务院有关部门在各自的职责范围内负责职业病防治的有关监督管理工作。

县级以上地方人民政府卫生行政部门、劳动保障行政部门依据各自职责，负责本行政区域内职业病防治的监督管理工作。县级以上地方人民政府有关部门在各自的职责范围内负责职业病防治的有关监督管理工作。

县级以上人民政府卫生行政部门、劳动保障行政部门（以下统称职业卫生监督管理部门）应当加强沟通，密切配合，按照各自职责分工，依法行使职权，承担责任。

第十条 国务院和县级以上地方人民政府应当制定职业病防治规划，将其纳入国民经济和社会发展计划，并组织实施。

县级以上地方人民政府统一负责、领导、组织、协调本行政区域的职业病防治工作，建立健全职业病防治工作体制、机制，统一领导、指挥职业卫生突发事件应对工作；加强职业病防治能力建设和服务体系建设，完善、落实职业病防治工作责任制。

乡、民族乡、镇的人民政府应当认真执行本法，支持职业卫生监督管理部门依法履行职责。

第十一条 县级以上人民政府职业卫生监督管理部门应当加强对职业病防治的宣传教育，普及职业病防治的知识，增强用人单位的职业病防治观念，提高劳动者的职业健康意识、自我保护意识和行使职业卫生保护权利的能力。

第十二条 有关防治职业病的国家职业卫生标准，由国务院卫生行政部门组织制定并公布。

国务院卫生行政部门应当组织开展重点职业病监测和专项调查，对职业健康风险进行评估，为制定职业卫生标准和职业病防治政策提供科学依据。

县级以上地方人民政府卫生行政部门应当定期对本行政区域的职业病防治情况进行统计和调查分析。

第十三条 任何单位和个人有权对违反本法的行为进行检举和控告。有关部门收到相关的检举和控告后，应当及时处理。

对防治职业病成绩显著的单位和个人，给予奖励。

第二章　前期预防

第十四条 用人单位应当依照法律、法规要求，严格遵守国家职业卫生标准，落实职业病预防措施，从源头上控制和消除职业病危害。

第十五条 产生职业病危害的用人单位的设立除应当符合法律、行政法规规定的设立条件外，其工作场所还应当符合下列职业卫生要求：

（一）职业病危害因素的强度或者浓度符合国家职业卫生标准；

（二）有与职业病危害防护相适应的设施；

（三）生产布局合理，符合有害与无害作业分开的原则；

（四）有配套的更衣间、洗浴间、孕妇休息间等卫生设施；

（五）设备、工具、用具等设施符合保护劳动者生理、心理健康的要求；

（六）法律、行政法规和国务院卫生行政部门关于保护劳动者健康的其他要求。

第十六条 国家建立职业病危害项目申报制度。

用人单位工作场所存在职业病目录所列职业病的危害因素的，应当及时、如实向所在地卫生行政部门申报危害项目，接受监督。

职业病危害因素分类目录由国务院卫生行政部门制定、调整并公布。职业病危害项目申报的具体办法由国务院卫生行政部门制定。

第十七条 新建、扩建、改建建设项目和技术改造、技术引进项目（以下统称建设项目）可能产生职业病危害的，建设单位在可行性论证阶段应当进行职业病危害预评价。

医疗机构建设项目可能产生放射性职业病危害的，建设单位应当向卫生行政部门提交放射性职业病危害预评价报告。卫生行政部门应当自收到预评价报告之日起三十日内，作出审核决定并书面通知建设单位。未提交预评价报告或者预评价报告未经卫生行政部门审核同意的，不得开工建设。

职业病危害预评价报告应当对建设项目可能产生的职业病危害因素及其对工作场所和劳动者健康的影响作出评价，确定危害类别和职业病防护措施。

建设项目职业病危害分类管理办法由国务院卫生行政部门制定。

第十八条 建设项目的职业病防护设施所需费用应当纳入建设项目工程预算，并与主体工程同时设计，同时施工，同时投入生产和使用。

建设项目的职业病防护设施设计应当符合国家职业卫生标准和卫生要求；其中，医疗机构放射性职业病危害严重的建设项目的防护设施设计，应当经卫生行政部门审查同意后，方可施工。

建设项目在竣工验收前，建设单位应当进行职业病危害控制效果评价。

医疗机构可能产生放射性职业病危害的建设项目竣工验收时，其放射性职业病防护设施经卫生行政部门验收合格后，方可投入使用；其他建设项目的职业病防护设施应当由建设单位负责依法组织验收，验收合格后，方可投入生产和使用。卫生行政部门应当加强对建设单位组织的验收活动和验收结果的监督核查。

第十九条 国家对从事放射性、高毒、高危粉尘等作业实行特殊管理。具体管理办法由国务院制定。

第三章　劳动过程中的防护与管理

第二十条 用人单位应当采取下列职业病防治管理措施：

（一）设置或者指定职业卫生管理机构或者组织，配备专职或者兼职的职业卫生管理人员，负责本单位的职业病防治工作；

（二）制定职业病防治计划和实施方案；

（三）建立、健全职业卫生管理制度和操作规程；

（四）建立、健全职业卫生档案和劳动者健康监护档案；

（五）建立、健全工作场所职业病危害因素监测及评价制度；

（六）建立、健全职业病危害事故应急救援预案。

第二十一条 用人单位应当保障职业病防治所需的资金投入，不得挤占、挪用，并对因资金投入不足导致的后果承担责任。

第二十二条 用人单位必须采用有效的职业病防护设施，并为劳动者提供个人使用的职业病防护用品。

用人单位为劳动者个人提供的职业病防护用品必须符合防治职业病的要求；不符合要求的，不得使用。

第二十三条 用人单位应当优先采用有利于防治职业病和保护劳动者健康的新技术、新工艺、新设备、新材料，逐步替代职业病危害严重的技术、工艺、设备、材料。

第二十四条 产生职业病危害的用人单位，应当在醒目位置设置公告栏，公布有关职业病防治的规章制度、操作规程、职业病危害事故应急救援措施和工作场所职业病危害因素检测结果。

对产生严重职业病危害的作业岗位，应当在其醒目位置，设置警示标识和中文警示说明。警示说明应当载明产生职业病危害的种类、后果、预防以及应急救治措施等内容。

第二十五条 对可能发生急性职业损伤的有毒、有害工作场所，用人单位应当设置报警装置，配置现场急救用品、冲洗设备、应急撤离通道和必要的泄险区。

对放射工作场所和放射性同位素的运输、贮存，用人单位必须配置防护设备和报警装置，保证接触放射线的工作人员佩戴个人剂量计。

对职业病防护设备、应急救援设施和个人使用的职业病防护用品，用人单位应当进行经常性的维护、检修，定期检测其性能和效果，确保其处于正常状态，不得擅自拆除或者停止使用。

第二十六条 用人单位应当实施由专人负责的职业病危害因素日常监测，并确保监测系统处于正常运行状态。

用人单位应当按照国务院卫生行政部门的规定，定期对工作场所进行职业病危害因素检测、评价。检测、评价结果存入用人单位职业卫生档案，定期向所在地卫生行政部门报告并向劳动者公布。

职业病危害因素检测、评价由依法设立的取得国务院卫生行政部门或者设区的市级以上地方人民政府卫生行政部门按照职责分工给予资质认可的职业卫生技术服务机构进行。职业卫生技术服务机构所作检测、评价应当客观、真实。

发现工作场所职业病危害因素不符合国家职业卫生标准和卫生要求时，用人单位应当立即采取相应治理措施，仍然达不到国家职业卫生标准和卫生要求的，必须停止存在职业病危害因素的作业；职业病危害因素经治理后，符合国家职业卫生标准和卫生要求的，方可重新作业。

第二十七条　职业卫生技术服务机构依法从事职业病危害因素检测、评价工作，接受卫生行政部门的监督检查。卫生行政部门应当依法履行监督职责。

第二十八条　向用人单位提供可能产生职业病危害的设备的，应当提供中文说明书，并在设备的醒目位置设置警示标识和中文警示说明。警示说明应当载明设备性能、可能产生的职业病危害、安全操作和维护注意事项、职业病防护以及应急救治措施等内容。

第二十九条　向用人单位提供可能产生职业病危害的化学品、放射性同位素和含有放射性物质的材料的，应当提供中文说明书。说明书应当载明产品特性、主要成分、存在的有害因素、可能产生的危害后果、安全使用注意事项、职业病防护以及应急救治措施等内容。产品包装应当有醒目的警示标识和中文警示说明。贮存上述材料的场所应当在规定的部位设置危险物品标识或者放射性警示标识。

国内首次使用或者首次进口与职业病危害有关的化学材料，使用单位或者进口单位按照国家规定经国务院有关部门批准后，应当向国务院卫生行政部门报送该化学材料的毒性鉴定以及经有关部门登记注册或者批准进口的文件等资料。

进口放射性同位素、射线装置和含有放射性物质的物品的，按照国家有关规定办理。

第三十条　任何单位和个人不得生产、经营、进口和使用国家明令禁止使用的可能产生职业病危害的设备或者材料。

第三十一条　任何单位和个人不得将产生职业病危害的作业转移给不具备职业病防护条件的单位和个人。不具备职业病防护条件的单位和个人不得接受产生职业病危害的作业。

第三十二条　用人单位对采用的技术、工艺、设备、材料，应当知悉其产生的职业病危害，对有职业病危害的技术、工艺、设备、材料隐瞒其危害而采用的，对所造成的职业病危害后果承担责任。

第三十三条　用人单位与劳动者订立劳动合同（含聘用合同，下同）时，应当将工作过程中可能产生的职业病危害及其后果、职业病防护措施和待遇等如实告知劳动者，并在劳动合同中写明，不得隐瞒或者欺骗。

劳动者在已订立劳动合同期间因工作岗位或者工作内容变更，从事与所订立劳动合同中未告知的存在职业病危害的作业时，用人单位应当依照前款规定，向劳动者履行如实告知的义务，并协商变更原劳动合同相关条款。

用人单位违反前两款规定的，劳动者有权拒绝从事存在职业病危害的作业，用人单位不得因此解除与劳动者所订立的劳动合同。

第三十四条 用人单位的主要负责人和职业卫生管理人员应当接受职业卫生培训，遵守职业病防治法律、法规，依法组织本单位的职业病防治工作。

用人单位应当对劳动者进行上岗前的职业卫生培训和在岗期间的定期职业卫生培训，普及职业卫生知识，督促劳动者遵守职业病防治法律、法规、规章和操作规程，指导劳动者正确使用职业病防护设备和个人使用的职业病防护用品。

劳动者应当学习和掌握相关的职业卫生知识，增强职业病防范意识，遵守职业病防治法律、法规、规章和操作规程，正确使用、维护职业病防护设备和个人使用的职业病防护用品，发现职业病危害事故隐患应当及时报告。

劳动者不履行前款规定义务的，用人单位应当对其进行教育。

第三十五条 对从事接触职业病危害的作业的劳动者，用人单位应当按照国务院卫生行政部门的规定组织上岗前、在岗期间和离岗时的职业健康检查，并将检查结果书面告知劳动者。职业健康检查费用由用人单位承担。

用人单位不得安排未经上岗前职业健康检查的劳动者从事接触职业病危害的作业；不得安排有职业禁忌的劳动者从事其所禁忌的作业；对在职业健康检查中发现有与所从事的职业相关的健康损害的劳动者，应当调离原工作岗位，并妥善安置；对未进行离岗前职业健康检查的劳动者不得解除或者终止与其订立的劳动合同。

职业健康检查应当由取得《医疗机构执业许可证》的医疗卫生机构承担。卫生行政部门应当加强对职业健康检查工作的规范管理，具体管理办法由国务院卫生行政部门制定。

第三十六条 用人单位应当为劳动者建立职业健康监护档案，并按照规定的期限妥善保存。

职业健康监护档案应当包括劳动者的职业史、职业病危害接触史、职业健康检查结果和职业病诊疗等有关个人健康资料。

劳动者离开用人单位时，有权索取本人职业健康监护档案复印件，用人单位应当如实、无偿提供，并在所提供的复印件上签章。

第三十七条 发生或者可能发生急性职业病危害事故时，用人单位应当立即采取应急救援和控制措施，并及时报告所在地卫生行政部门和有关部门。卫生行政部门接到报告后，应当及时会同有关部门组织调查处理；必要时，可以采取临时控制措施。卫生行政部门应当组织做好医疗救治工作。

对遭受或者可能遭受急性职业病危害的劳动者，用人单位应当及时组织救治、进行健康检查和医学观察，所需费用由用人单位承担。

第三十八条　用人单位不得安排未成年工从事接触职业病危害的作业；不得安排孕期、哺乳期的女职工从事对本人和胎儿、婴儿有危害的作业。

第三十九条　劳动者享有下列职业卫生保护权利：

（一）获得职业卫生教育、培训；

（二）获得职业健康检查、职业病诊疗、康复等职业病防治服务；

（三）了解工作场所产生或者可能产生的职业病危害因素、危害后果和应当采取的职业病防护措施；

（四）要求用人单位提供符合防治职业病要求的职业病防护设施和个人使用的职业病防护用品，改善工作条件；

（五）对违反职业病防治法律、法规以及危及生命健康的行为提出批评、检举和控告；

（六）拒绝违章指挥和强令进行没有职业病防护措施的作业；

（七）参与用人单位职业卫生工作的民主管理，对职业病防治工作提出意见和建议。

用人单位应当保障劳动者行使前款所列权利。因劳动者依法行使正当权利而降低其工资、福利等待遇或者解除、终止与其订立的劳动合同的，其行为无效。

第四十条　工会组织应当督促并协助用人单位开展职业卫生宣传教育和培训，有权对用人单位的职业病防治工作提出意见和建议，依法代表劳动者与用人单位签订劳动安全卫生专项集体合同，与用人单位就劳动者反映的有关职业病防治的问题进行协调并督促解决。

工会组织对用人单位违反职业病防治法律、法规，侵犯劳动者合法权益的行为，有权要求纠正；产生严重职业病危害时，有权要求采取防护措施，或者向政府有关部门建议采取强制性措施；发生职业病危害事故时，有权参与事故调查处理；发现危及劳动者生命健康的情形时，有权向用人单位建议组织劳动者撤离危险现场，用人单位应当立即作出处理。

第四十一条　用人单位按照职业病防治要求，用于预防和治理职业病危害、工作场所卫生检测、健康监护和职业卫生培训等费用，按照国家有关规定，在生产成本中据实列支。

第四十二条　职业卫生监督管理部门应当按照职责分工，加强对用人单位落实职业病防护管理措施情况的监督检查，依法行使职权，承担责任。

第四章 职业病诊断与职业病病人保障

第四十三条 职业病诊断应当由取得《医疗机构执业许可证》的医疗卫生机构承担。卫生行政部门应当加强对职业病诊断工作的规范管理，具体管理办法由国务院卫生行政部门制定。

承担职业病诊断的医疗卫生机构还应当具备下列条件：

（一）具有与开展职业病诊断相适应的医疗卫生技术人员；

（二）具有与开展职业病诊断相适应的仪器、设备；

（三）具有健全的职业病诊断质量管理制度。

承担职业病诊断的医疗卫生机构不得拒绝劳动者进行职业病诊断的要求。

第四十四条 劳动者可以在用人单位所在地、本人户籍所在地或者经常居住地依法承担职业病诊断的医疗卫生机构进行职业病诊断。

第四十五条 职业病诊断标准和职业病诊断、鉴定办法由国务院卫生行政部门制定。职业病伤残等级的鉴定办法由国务院劳动保障行政部门会同国务院卫生行政部门制定。

第四十六条 职业病诊断，应当综合分析下列因素：

（一）病人的职业史；

（二）职业病危害接触史和工作场所职业病危害因素情况；

（三）临床表现以及辅助检查结果等。

没有证据否定职业病危害因素与病人临床表现之间的必然联系的，应当诊断为职业病。

职业病诊断证明书应当由参与诊断的取得职业病诊断资格的执业医师签署，并经承担职业病诊断的医疗卫生机构审核盖章。

第四十七条 用人单位应当如实提供职业病诊断、鉴定所需的劳动者职业史和职业病危害接触史、工作场所职业病危害因素检测结果等资料；卫生行政部门应当监督检查和督促用人单位提供上述资料；劳动者和有关机构也应当提供与职业病诊断、鉴定有关的资料。

职业病诊断、鉴定机构需要了解工作场所职业病危害因素情况时，可以对工作场所进行现场调查，也可以向卫生行政部门提出，卫生行政部门应当在十日内组织现场调查。用人单位不得拒绝、阻挠。

第四十八条 职业病诊断、鉴定过程中，用人单位不提供工作场所职业病危害因素检测结果等资料的，诊断、鉴定机构应当结合劳动者的临床表现、辅助检查结果和劳动者的职业史、职业病危害接触史,并参考劳动者的自述、卫生行政部门提供的日常监督检查信息等，作出职业病诊断、鉴定结论。

劳动者对用人单位提供的工作场所职业病危害因素检测结果等资料有异议，或者因劳动者的用人单位解散、破产，无用人单位提供上述资料的，诊断、鉴定机构应当提请卫生行政部门进行调查，卫生行政部门应当自接到申请之日起三十日内对存在异议的资料或者工作场所职业病危害因素情况作出判定；有关部门应当配合。

第四十九条 职业病诊断、鉴定过程中，在确认劳动者职业史、职业病危害接触史时，当事人对劳动关系、工种、工作岗位或者在岗时间有争议的，可以向当地的劳动人事争议仲裁委员会申请仲裁；接到申请的劳动人事争议仲裁委员会应当受理，并在三十日内作出裁决。

当事人在仲裁过程中对自己提出的主张，有责任提供证据。劳动者无法提供由用人单位掌握管理的与仲裁主张有关的证据的，仲裁庭应当要求用人单位在指定期限内提供；用人单位在指定期限内不提供的，应当承担不利后果。

劳动者对仲裁裁决不服的，可以依法向人民法院提起诉讼。

用人单位对仲裁裁决不服的，可以在职业病诊断、鉴定程序结束之日起十五日内依法向人民法院提起诉讼；诉讼期间，劳动者的治疗费用按照职业病待遇规定的途径支付。

第五十条 用人单位和医疗卫生机构发现职业病病人或者疑似职业病病人时，应当及时向所在地卫生行政部门报告。确诊为职业病的，用人单位还应当向所在地劳动保障行政部门报告。接到报告的部门应当依法作出处理。

第五十一条 县级以上地方人民政府卫生行政部门负责本行政区域内的职业病统计报告的管理工作，并按照规定上报。

第五十二条 当事人对职业病诊断有异议的，可以向作出诊断的医疗卫生机构所在地地方人民政府卫生行政部门申请鉴定。

职业病诊断争议由设区的市级以上地方人民政府卫生行政部门根据当事人的申请，组织职业病诊断鉴定委员会进行鉴定。

当事人对设区的市级职业病诊断鉴定委员会的鉴定结论不服的，可以向省、自治区、直辖市人民政府卫生行政部门申请再鉴定。

第五十三条 职业病诊断鉴定委员会由相关专业的专家组成。

省、自治区、直辖市人民政府卫生行政部门应当设立相关的专家库，需要对职业病争议作出诊断鉴定时,由当事人或者当事人委托有关卫生行政部门从专家库中以随机抽取的方式确定参加诊断鉴定委员会的专家。

职业病诊断鉴定委员会应当按照国务院卫生行政部门颁布的职业病诊断标准和职业病诊断、鉴定办法进行职业病诊断鉴定,向当事人出具职业病诊断鉴定书。职业病诊断、鉴定费用由用人单位承担。

第五十四条 职业病诊断鉴定委员会组成人员应当遵守职业道德,客观、公正地进行诊断鉴定,并承担相应的责任。职业病诊断鉴定委员会组成人员不得私下接触当事人,不得收受当事人的财物或者其他好处,与当事人有利害关系的,应当回避。

人民法院受理有关案件需要进行职业病鉴定时,应当从省、自治区、直辖市人民政府卫生行政部门依法设立的相关的专家库中选取参加鉴定的专家。

第五十五条 医疗卫生机构发现疑似职业病病人时,应当告知劳动者本人并及时通知用人单位。

用人单位应当及时安排对疑似职业病病人进行诊断;在疑似职业病病人诊断或者医学观察期间,不得解除或者终止与其订立的劳动合同。

疑似职业病病人在诊断、医学观察期间的费用,由用人单位承担。

第五十六条 用人单位应当保障职业病病人依法享受国家规定的职业病待遇。

用人单位应当按照国家有关规定,安排职业病病人进行治疗、康复和定期检查。

用人单位对不适宜继续从事原工作的职业病病人,应当调离原岗位,并妥善安置。

用人单位对从事接触职业病危害的作业的劳动者,应当给予适当岗位津贴。

第五十七条 职业病病人的诊疗、康复费用,伤残以及丧失劳动能力的职业病病人的社会保障,按照国家有关工伤保险的规定执行。

第五十八条 职业病病人除依法享有工伤保险外,依照有关民事法律,尚有获得赔偿的权利的,有权向用人单位提出赔偿要求。

第五十九条 劳动者被诊断患有职业病,但用人单位没有依法参加工伤保险的,其医疗和生活保障由该用人单位承担。

第六十条 职业病病人变动工作单位,其依法享有的待遇不变。

用人单位在发生分立、合并、解散、破产等情形时,应当对从事接触职业病危害的作业的劳动者进行健康检查,并按照国家有关规定妥善安置职业病病人。

第六十一条 用人单位已经不存在或者无法确认劳动关系的职业病病人,可以向地方人民政府医疗保障、民政部门申请医疗救助和生活等方面的救助。

地方各级人民政府应当根据本地区的实际情况，采取其他措施，使前款规定的职业病病人获得医疗救治。

第五章　监督检查

第六十二条　县级以上人民政府职业卫生监督管理部门依照职业病防治法律、法规、国家职业卫生标准和卫生要求，依据职责划分，对职业病防治工作进行监督检查。

第六十三条　卫生行政部门履行监督检查职责时，有权采取下列措施：

（一）进入被检查单位和职业病危害现场，了解情况，调查取证；

（二）查阅或者复制与违反职业病防治法律、法规的行为有关的资料和采集样品；

（三）责令违反职业病防治法律、法规的单位和个人停止违法行为。

第六十四条　发生职业病危害事故或者有证据证明危害状态可能导致职业病危害事故发生时，卫生行政部门可以采取下列临时控制措施：

（一）责令暂停导致职业病危害事故的作业；

（二）封存造成职业病危害事故或者可能导致职业病危害事故发生的材料和设备；

（三）组织控制职业病危害事故现场。

在职业病危害事故或者危害状态得到有效控制后，卫生行政部门应当及时解除控制措施。

第六十五条　职业卫生监督执法人员依法执行职务时，应当出示监督执法证件。

职业卫生监督执法人员应当忠于职守，秉公执法，严格遵守执法规范；涉及用人单位的秘密的，应当为其保密。

第六十六条　职业卫生监督执法人员依法执行职务时，被检查单位应当接受检查并予以支持配合，不得拒绝和阻碍。

第六十七条　卫生行政部门及其职业卫生监督执法人员履行职责时，不得有下列行为：

（一）对不符合法定条件的，发给建设项目有关证明文件、资质证明文件或者予以批准；

（二）对已经取得有关证明文件的，不履行监督检查职责；

（三）发现用人单位存在职业病危害的，可能造成职业病危害事故，不及时依法采取控制措施的；

（四）其他违反本法的行为。

第六十八条 职业卫生监督执法人员应当依法经过资格认定。

职业卫生监督管理部门应当加强队伍建设，提高职业卫生监督执法人员的政治、业务素质，依照本法和其他有关法律、法规的规定，建立、健全内部监督制度，对其工作人员执行法律、法规和遵守纪律的情况，进行监督检查。

第六章　法律责任

第六十九条 建设单位违反本法规定，有下列行为之一的，由卫生行政部门给予警告，责令限期改正；逾期不改正的，处十万元以上五十万元以下的罚款；情节严重的，责令停止产生职业病危害的作业，或者提请有关人民政府按照国务院规定的权限责令停建、关闭：

（一）未按照规定进行职业病危害预评价的；

（二）医疗机构可能产生放射性职业病危害的建设项目未按照规定提交放射性职业病危害预评价报告，或者放射性职业病危害预评价报告未经卫生行政部门审核同意，开工建设的；

（三）建设项目的职业病防护设施未按照规定与主体工程同时设计、同时施工、同时投入生产和使用的；

（四）建设项目的职业病防护设施设计不符合国家职业卫生标准和卫生要求，或者医疗机构放射性职业病危害严重的建设项目的防护设施设计未经卫生行政部门审查同意擅自施工的；

（五）未按照规定对职业病防护设施进行职业病危害控制效果评价的；

（六）建设项目竣工投入生产和使用前，职业病防护设施未按照规定验收合格的。

第七十条 违反本法规定，有下列行为之一的，由卫生行政部门给予警告，责令限期改正；逾期不改正的，处十万元以下的罚款：

（一）工作场所职业病危害因素检测、评价结果没有存档、上报、公布的；

（二）未采取本法第二十条规定的职业病防治管理措施的；

（三）未按照规定公布有关职业病防治的规章制度、操作规程、职业病危害事故应急救援措施的；

（四）未按照规定组织劳动者进行职业卫生培训，或者未对劳动者个人职业病防护采取指导、督促措施的；

（五）国内首次使用或者首次进口与职业病危害有关的化学材料，未按照规定报送毒性鉴定资料以及经有关部门登记注册或者批准进口的文件的。

第七十一条 用人单位违反本法规定，有下列行为之一的，由卫生行政部门责令限期改正，给予警告，可以并处五万元以上十万元以下的罚款：

（一）未按照规定及时、如实向卫生行政部门申报产生职业病危害的项目的；

（二）未实施由专人负责的职业病危害因素日常监测，或者监测系统不能正常监测的；

（三）订立或者变更劳动合同时，未告知劳动者职业病危害真实情况的；

（四）未按照规定组织职业健康检查、建立职业健康监护档案或者未将检查结果书面告知劳动者的；

（五）未依照本法规定在劳动者离开用人单位时提供职业健康监护档案复印件的。

第七十二条 用人单位违反本法规定，有下列行为之一的，由卫生行政部门给予警告，责令限期改正，逾期不改正的，处五万元以上二十万元以下的罚款；情节严重的，责令停止产生职业病危害的作业，或者提请有关人民政府按照国务院规定的权限责令关闭：

（一）工作场所职业病危害因素的强度或者浓度超过国家职业卫生标准的；

（二）未提供职业病防护设施和个人使用的职业病防护用品，或者提供的职业病防护设施和个人使用的职业病防护用品不符合国家职业卫生标准和卫生要求的；

（三）对职业病防护设备、应急救援设施和个人使用的职业病防护用品未按照规定进行维护、检修、检测，或者不能保持正常运行、使用状态的；

（四）未按照规定对工作场所职业病危害因素进行检测、评价的；

（五）工作场所职业病危害因素经治理仍然达不到国家职业卫生标准和卫生要求时，未停止存在职业病危害因素的作业的；

（六）未按照规定安排职业病病人、疑似职业病病人进行诊治的；

（七）发生或者可能发生急性职业病危害事故时，未立即采取应急救援和控制措施或者未按照规定及时报告的；

（八）未按照规定在产生严重职业病危害的作业岗位醒目位置设置警示标识和中文警示说明的；

（九）拒绝职业卫生监督管理部门监督检查的；

（十）隐瞒、伪造、篡改、毁损职业健康监护档案、工作场所职业病危害因素检测评价结果等相关资料，或者拒不提供职业病诊断、鉴定所需资料的；

（十一）未按照规定承担职业病诊断、鉴定费用和职业病病人的医疗、生活保障费用的。

第七十三条　向用人单位提供可能产生职业病危害的设备、材料，未按照规定提供中文说明书或者设置警示标识和中文警示说明的，由卫生行政部门责令限期改正，给予警告，并处五万元以上二十万元以下的罚款。

第七十四条　用人单位和医疗卫生机构未按照规定报告职业病、疑似职业病的，由有关主管部门依据职责分工责令限期改正，给予警告，可以并处一万元以下的罚款；弄虚作假的，并处二万元以上五万元以下的罚款；对直接负责的主管人员和其他直接责任人员，可以依法给予降级或者撤职的处分。

第七十五条　违反本法规定，有下列情形之一的，由卫生行政部门责令限期治理，并处五万元以上三十万元以下的罚款；情节严重的，责令停止产生职业病危害的作业，或者提请有关人民政府按照国务院规定的权限责令关闭：

（一）隐瞒技术、工艺、设备、材料所产生的职业病危害而采用的；

（二）隐瞒本单位职业卫生真实情况的；

（三）可能发生急性职业损伤的有毒、有害工作场所、放射工作场所或者放射性同位素的运输、贮存不符合本法第二十五条规定的；

（四）使用国家明令禁止使用的可能产生职业病危害的设备或者材料的；

（五）将产生职业病危害的作业转移给没有职业病防护条件的单位和个人，或者没有职业病防护条件的单位和个人接受产生职业病危害的作业的；

（六）擅自拆除、停止使用职业病防护设备或者应急救援设施的；

（七）安排未经职业健康检查的劳动者、有职业禁忌的劳动者、未成年工或者孕期、哺乳期女职工从事接触职业病危害的作业或者禁忌作业的；

（八）违章指挥和强令劳动者进行没有职业病防护措施的作业的。

第七十六条　生产、经营或者进口国家明令禁止使用的可能产生职业病危害的设备或者材料的，依照有关法律、行政法规的规定给予处罚。

第七十七条　用人单位违反本法规定，已经对劳动者生命健康造成严重损害的，由卫生行政部门责令停止产生职业病危害的作业，或者提请有关人民政府按照国务院规定的权限责令关闭，并处十万元以上五十万元以下的罚款。

第七十八条　用人单位违反本法规定，造成重大职业病危害事故或者其他严重后果，构成犯罪的，对直接负责的主管人员和其他直接责任人员，依法追究刑事责任。

第七十九条 未取得职业卫生技术服务资质认可擅自从事职业卫生技术服务的，由卫生行政部门责令立即停止违法行为，没收违法所得；违法所得五千元以上的，并处违法所得二倍以上十倍以下的罚款；没有违法所得或者违法所得不足五千元的，并处五千元以上五万元以下的罚款；情节严重的，对直接负责的主管人员和其他直接责任人员，依法给予降级、撤职或者开除的处分。

第八十条 从事职业卫生技术服务的机构和承担职业病诊断的医疗卫生机构违反本法规定，有下列行为之一的，由卫生行政部门责令立即停止违法行为，给予警告，没收违法所得；违法所得五千元以上的，并处违法所得二倍以上五倍以下的罚款；没有违法所得或者违法所得不足五千元的，并处五千元以上二万元以下的罚款；情节严重的，由原认可或者登记机关取消其相应的资格；对直接负责的主管人员和其他直接责任人员，依法给予降级、撤职或者开除的处分；构成犯罪的，依法追究刑事责任：

（一）超出资质认可或者诊疗项目登记范围从事职业卫生技术服务或者职业病诊断的；

（二）不按照本法规定履行法定职责的；

（三）出具虚假证明文件的。

第八十一条 职业病诊断鉴定委员会组成人员收受职业病诊断争议当事人的财物或者其他好处的，给予警告，没收收受的财物，可以并处三千元以上五万元以下的罚款，取消其担任职业病诊断鉴定委员会组成人员的资格，并从省、自治区、直辖市人民政府卫生行政部门设立的专家库中予以除名。

第八十二条 卫生行政部门不按照规定报告职业病和职业病危害事故的，由上一级行政部门责令改正，通报批评，给予警告；虚报、瞒报的，对单位负责人、直接负责的主管人员和其他直接责任人员依法给予降级、撤职或者开除的处分。

第八十三条 县级以上地方人民政府在职业病防治工作中未依照本法履行职责，本行政区域出现重大职业病危害事故、造成严重社会影响的，依法对直接负责的主管人员和其他直接责任人员给予记大过直至开除的处分。

县级以上人民政府职业卫生监督管理部门不履行本法规定的职责，滥用职权、玩忽职守、徇私舞弊，依法对直接负责的主管人员和其他直接责任人员给予记大过或者降级的处分；造成职业病危害事故或者其他严重后果的，依法给予撤职或者开除的处分。

第八十四条 违反本法规定,构成犯罪的,依法追究刑事责任。

第七章 附 则

第八十五条 本法下列用语的含义:

职业病危害,是指对从事职业活动的劳动者可能导致职业病的各种危害。职业病危害因素包括:职业活动中存在的各种有害的化学、物理、生物因素以及在作业过程中产生的其他职业有害因素。

职业禁忌,是指劳动者从事特定职业或者接触特定职业病危害因素时,比一般职业人群更易于遭受职业病危害和罹患职业病或者可能导致原有自身疾病病情加重,或者在从事作业过程中诱发可能导致对他人生命健康构成危险的疾病的个人特殊生理或者病理状态。

第八十六条 本法第二条规定的用人单位以外的单位,产生职业病危害的,其职业病防治活动可以参照本法执行。

劳务派遣用工单位应当履行本法规定的用人单位的义务。

中国人民解放军参照执行本法的办法,由国务院、中央军事委员会制定。

第八十七条 对医疗机构放射性职业病危害控制的监督管理,由卫生行政部门依照本法的规定实施。

第八十八条 本法自2002年5月1日起施行。

中华人民共和国特种设备安全法

目　　录

第一章　总　　则

第二章　生产、经营、使用

第一节　一般规定

第二节　生　　产

第三节　经　　营

第四节　使　　用

第三章　检验、检测

第四章　监督管理

第五章　事故应急救援与调查处理

第六章　法律责任

第七章　附　　则

第一章　总　　则

第一条　为了加强特种设备安全工作，预防特种设备事故，保障人身和财产安全，促进经济社会发展，制定本法。

第二条　特种设备的生产（包括设计、制造、安装、改造、修理）、经营、使用、检验、检测和特种设备安全的监督管理，适用本法。

本法所称特种设备，是指对人身和财产安全有较大危险性的锅炉、压力容器（含气瓶）、压力管道、电梯、起重机械、客运索道、大型游乐设施、场（厂）内专用机动车辆，以及法律、行政法规规定适用本法的其他特种设备。

国家对特种设备实行目录管理。特种设备目录由国务院负责特种设备安全监督管理的部门制定，报国务院批准后执行。

第三条　特种设备安全工作应当坚持安全第一、预防为主、节能环保、综合治理的原则。

第四条　国家对特种设备的生产、经营、使用，实施分类的、全过程的安全监督管理。

第五条　国务院负责特种设备安全监督管理的部门对全国特种设备安全实施监督管理。县级以上地方各级人民政府负责特种设备安全监督管理的部门对本行政区域内特种设备安全实施监督管理。

第六条 国务院和地方各级人民政府应当加强对特种设备安全工作的领导，督促各有关部门依法履行监督管理职责。

县级以上地方各级人民政府应当建立协调机制，及时协调、解决特种设备安全监督管理中存在的问题。

第七条 特种设备生产、经营、使用单位应当遵守本法和其他有关法律、法规，建立、健全特种设备安全和节能责任制度，加强特种设备安全和节能管理，确保特种设备生产、经营、使用安全，符合节能要求。

第八条 特种设备生产、经营、使用、检验、检测应当遵守有关特种设备安全技术规范及相关标准。

特种设备安全技术规范由国务院负责特种设备安全监督管理的部门制定。

第九条 特种设备行业协会应当加强行业自律，推进行业诚信体系建设，提高特种设备安全管理水平。

第十条 国家支持有关特种设备安全的科学技术研究，鼓励先进技术和先进管理方法的推广应用，对做出突出贡献的单位和个人给予奖励。

第十一条 负责特种设备安全监督管理的部门应当加强特种设备安全宣传教育，普及特种设备安全知识，增强社会公众的特种设备安全意识。

第十二条 任何单位和个人有权向负责特种设备安全监督管理的部门和有关部门举报涉及特种设备安全的违法行为，接到举报的部门应当及时处理。

第二章 生产、经营、使用

第一节 一般规定

第十三条 特种设备生产、经营、使用单位及其主要负责人对其生产、经营、使用的特种设备安全负责。

特种设备生产、经营、使用单位应当按照国家有关规定配备特种设备安全管理人员、检测人员和作业人员，并对其进行必要的安全教育和技能培训。

第十四条 特种设备安全管理人员、检测人员和作业人员应当按照国家有关规定取得相应资格，方可从事相关工作。特种设备安全管理人员、检测人员和作业人员应当严格执行安全技术规范和管理制度，保证特种设备安全。

第十五条 特种设备生产、经营、使用单位对其生产、经营、使用的特种设备应当进行自行检测和维护保养，对国家规定实行检验的特种设备应当及时申报并接受检验。

第十六条　特种设备采用新材料、新技术、新工艺，与安全技术规范的要求不一致，或者安全技术规范未作要求、可能对安全性能有重大影响的，应当向国务院负责特种设备安全监督管理的部门申报，由国务院负责特种设备安全监督管理的部门及时委托安全技术咨询机构或者相关专业机构进行技术评审，评审结果经国务院负责特种设备安全监督管理的部门批准，方可投入生产、使用。

国务院负责特种设备安全监督管理的部门应当将允许使用的新材料、新技术、新工艺的有关技术要求，及时纳入安全技术规范。

第十七条　国家鼓励投保特种设备安全责任保险。

第二节　生　产

第十八条　国家按照分类监督管理的原则对特种设备生产实行许可制度。特种设备生产单位应当具备下列条件，并经负责特种设备安全监督管理的部门许可，方可从事生产活动：

（一）有与生产相适应的专业技术人员；

（二）有与生产相适应的设备、设施和工作场所；

（三）有健全的质量保证、安全管理和岗位责任等制度。

第十九条　特种设备生产单位应当保证特种设备生产符合安全技术规范及相关标准的要求，对其生产的特种设备的安全性能负责。不得生产不符合安全性能要求和能效指标以及国家明令淘汰的特种设备。

第二十条　锅炉、气瓶、氧舱、客运索道、大型游乐设施的设计文件，应当经负责特种设备安全监督管理的部门核准的检验机构鉴定，方可用于制造。

特种设备产品、部件或者试制的特种设备新产品、新部件以及特种设备采用的新材料，按照安全技术规范的要求需要通过型式试验进行安全性验证的，应当经负责特种设备安全监督管理的部门核准的检验机构进行型式试验。

第二十一条　特种设备出厂时，应当随附安全技术规范要求的设计文件、产品质量合格证明、安装及使用维护保养说明、监督检验证明等相关技术资料和文件，并在特种设备显著位置设置产品铭牌、安全警示标志及其说明。

第二十二条　电梯的安装、改造、修理，必须由电梯制造单位或者其委托的依照本法取得相应许可的单位进行。电梯制造单位委托其他单位进行电梯安装、改造、修理的，应当对其安装、改造、修理进行安全指导和监控，并按照安全技术规范的要求进行校验和调试。电梯制造单位对电梯安全性能负责。

第二十三条　特种设备安装、改造、修理的施工单位应当在施工前将拟进行的特种设备安装、改造、修理情况书面告知直辖市或者设区的市级人民政府负责特种设备安全监督管理的部门。

第二十四条 特种设备安装、改造、修理竣工后，安装、改造、修理的施工单位应当在验收后三十日内将相关技术资料和文件移交特种设备使用单位。特种设备使用单位应当将其存入该特种设备的安全技术档案。

第二十五条 锅炉、压力容器、压力管道元件等特种设备的制造过程和锅炉、压力容器、压力管道、电梯、起重机械、客运索道、大型游乐设施的安装、改造、重大修理过程，应当经特种设备检验机构按照安全技术规范的要求进行监督检验；未经监督检验或者监督检验不合格的，不得出厂或者交付使用。

第二十六条 国家建立缺陷特种设备召回制度。因生产原因造成特种设备存在危及安全的同一性缺陷的，特种设备生产单位应当立即停止生产，主动召回。

国务院负责特种设备安全监督管理的部门发现特种设备存在应当召回而未召回的情形时，应当责令特种设备生产单位召回。

第三节 经　　营

第二十七条 特种设备销售单位销售的特种设备，应当符合安全技术规范及相关标准的要求，其设计文件、产品质量合格证明、安装及使用维护保养说明、监督检验证明等相关技术资料和文件应当齐全。

特种设备销售单位应当建立特种设备检查验收和销售记录制度。

禁止销售未取得许可生产的特种设备，未经检验和检验不合格的特种设备，或者国家明令淘汰和已经报废的特种设备。

第二十八条 特种设备出租单位不得出租未取得许可生产的特种设备或者国家明令淘汰和已经报废的特种设备，以及未按照安全技术规范的要求进行维护保养和未经检验或者检验不合格的特种设备。

第二十九条 特种设备在出租期间的使用管理和维护保养义务由特种设备出租单位承担，法律另有规定或者当事人另有约定的除外。

第三十条 进口的特种设备应当符合我国安全技术规范的要求，并经检验合格；需要取得我国特种设备生产许可的，应当取得许可。

进口特种设备随附的技术资料和文件应当符合本法第二十一条的规定，其安装及使用维护保养说明、产品铭牌、安全警示标志及其说明应当采用中文。

特种设备的进出口检验，应当遵守有关进出口商品检验的法律、行政法规。

第三十一条 进口特种设备，应当向进口地负责特种设备安全监督管理的部门履行提前告知义务。

第四节 使 用

第三十二条 特种设备使用单位应当使用取得许可生产并经检验合格的特种设备。

禁止使用国家明令淘汰和已经报废的特种设备。

第三十三条 特种设备使用单位应当在特种设备投入使用前或者投入使用后三十日内，向负责特种设备安全监督管理的部门办理使用登记，取得使用登记证书。登记标志应当置于该特种设备的显著位置。

第三十四条 特种设备使用单位应当建立岗位责任、隐患治理、应急救援等安全管理制度，制定操作规程，保证特种设备安全运行。

第三十五条 特种设备使用单位应当建立特种设备安全技术档案。安全技术档案应当包括以下内容：

（一）特种设备的设计文件、产品质量合格证明、安装及使用维护保养说明、监督检验证明等相关技术资料和文件；

（二）特种设备的定期检验和定期自行检查记录；

（三）特种设备的日常使用状况记录；

（四）特种设备及其附属仪器仪表的维护保养记录；

（五）特种设备的运行故障和事故记录。

第三十六条 电梯、客运索道、大型游乐设施等为公众提供服务的特种设备的运营使用单位，应当对特种设备的使用安全负责，设置特种设备安全管理机构或者配备专职的特种设备安全管理人员；其他特种设备使用单位，应当根据情况设置特种设备安全管理机构或者配备专职、兼职的特种设备安全管理人员。

第三十七条 特种设备的使用应当具有规定的安全距离、安全防护措施。

与特种设备安全相关的建筑物、附属设施，应当符合有关法律、行政法规的规定。

第三十八条 特种设备属于共有的，共有人可以委托物业服务单位或者其他管理人管理特种设备，受托人履行本法规定的特种设备使用单位的义务，承担相应责任。共有人未委托的，由共有人或者实际管理人履行管理义务，承担相应责任。

第三十九条 特种设备使用单位应当对其使用的特种设备进行经常性维护保养和定期自行检查，并作出记录。

特种设备使用单位应当对其使用的特种设备的安全附件、安全保护装置进行定期校验、检修，并作出记录。

第四十条 特种设备使用单位应当按照安全技术规范的要求，在检验合格有效期届满前一个月向特种设备检验机构提出定期检验要求。

特种设备检验机构接到定期检验要求后，应当按照安全技术规范的要求及时进行安全性能检验。特种设备使用单位应当将定期检验标志置于该特种设备的显著位置。

未经定期检验或者检验不合格的特种设备，不得继续使用。

第四十一条 特种设备安全管理人员应当对特种设备使用状况进行经常性检查，发现问题应当立即处理；情况紧急时，可以决定停止使用特种设备并及时报告本单位有关负责人。

特种设备作业人员在作业过程中发现事故隐患或者其他不安全因素，应当立即向特种设备安全管理人员和单位有关负责人报告；特种设备运行不正常时，特种设备作业人员应当按照操作规程采取有效措施保证安全。

第四十二条 特种设备出现故障或者发生异常情况，特种设备使用单位应当对其进行全面检查，消除事故隐患，方可继续使用。

第四十三条 客运索道、大型游乐设施在每日投入使用前，其运营使用单位应当进行试运行和例行安全检查，并对安全附件和安全保护装置进行检查确认。

电梯、客运索道、大型游乐设施的运营使用单位应当将电梯、客运索道、大型游乐设施的安全使用说明、安全注意事项和警示标志置于易于为乘客注意的显著位置。

公众乘坐或者操作电梯、客运索道、大型游乐设施，应当遵守安全使用说明和安全注意事项的要求，服从有关工作人员的管理和指挥；遇有运行不正常时，应当按照安全指引，有序撤离。

第四十四条 锅炉使用单位应当按照安全技术规范的要求进行锅炉水（介）质处理，并接受特种设备检验机构的定期检验。

从事锅炉清洗，应当按照安全技术规范的要求进行，并接受特种设备检验机构的监督检验。

第四十五条 电梯的维护保养应当由电梯制造单位或者依照本法取得许可的安装、改造、修理单位进行。

电梯的维护保养单位应当在维护保养中严格执行安全技术规范的要求，保证其维护保养的电梯的安全性能，并负责落实现场安全防护措施，保证施工安全。

电梯的维护保养单位应当对其维护保养的电梯的安全性能负责；接到故障通知后，应当立即赶赴现场，并采取必要的应急救援措施。

第四十六条 电梯投入使用后，电梯制造单位应当对其制造的电梯的安全运行情况进行跟踪调查和了解，对电梯的维护保养单位或者使用单位在维护保养和安全运行方面存在的问题，提出改进建议，并提供必要的技术帮助；发现电梯存在严重事故隐患时，应当及时告知电梯使用单位，并向负责特种设备安全监督管理的部门报告。电梯制造单位对调查和了解的情况，应当作出记录。

第四十七条 特种设备进行改造、修理，按照规定需要变更使用登记的，应当办理变更登记，方可继续使用。

第四十八条 特种设备存在严重事故隐患，无改造、修理价值，或者达到安全技术规范规定的其他报废条件的，特种设备使用单位应当依法履行报废义务，采取必要措施消除该特种设备的使用功能，并向原登记的负责特种设备安全监督管理的部门办理使用登记证书注销手续。

前款规定报废条件以外的特种设备，达到设计使用年限可以继续使用的，应当按照安全技术规范的要求通过检验或者安全评估，并办理使用登记证书变更，方可继续使用。允许继续使用的，应当采取加强检验、检测和维护保养等措施，确保使用安全。

第四十九条 移动式压力容器、气瓶充装单位，应当具备下列条件，并经负责特种设备安全监督管理的部门许可，方可从事充装活动：

（一）有与充装和管理相适应的管理人员和技术人员；

（二）有与充装和管理相适应的充装设备、检测手段、场地厂房、器具、安全设施；

（三）有健全的充装管理制度、责任制度、处理措施。

充装单位应当建立充装前后的检查、记录制度，禁止对不符合安全技术规范要求的移动式压力容器和气瓶进行充装。

气瓶充装单位应当向气体使用者提供符合安全技术规范要求的气瓶，对气体使用者进行气瓶安全使用指导，并按照安全技术规范的要求办理气瓶使用登记，及时申报定期检验。

第三章　检验、检测

第五十条 从事本法规定的监督检验、定期检验的特种设备检验机构，以及为特种设备生产、经营、使用提供检测服务的特种设备检测机构，应当具备下列

条件,并经负责特种设备安全监督管理的部门核准,方可从事检验、检测工作:

(一)有与检验、检测工作相适应的检验、检测人员;

(二)有与检验、检测工作相适应的检验、检测仪器和设备;

(三)有健全的检验、检测管理制度和责任制度。

第五十一条 特种设备检验、检测机构的检验、检测人员应当经考核,取得检验、检测人员资格,方可从事检验、检测工作。

特种设备检验、检测机构的检验、检测人员不得同时在两个以上检验、检测机构中执业;变更执业机构的,应当依法办理变更手续。

第五十二条 特种设备检验、检测工作应当遵守法律、行政法规的规定,并按照安全技术规范的要求进行。

特种设备检验、检测机构及其检验、检测人员应当依法为特种设备生产、经营、使用单位提供安全、可靠、便捷、诚信的检验、检测服务。

第五十三条 特种设备检验、检测机构及其检验、检测人员应当客观、公正、及时地出具检验、检测报告,并对检验、检测结果和鉴定结论负责。

特种设备检验、检测机构及其检验、检测人员在检验、检测中发现特种设备存在严重事故隐患时,应当及时告知相关单位,并立即向负责特种设备安全监督管理的部门报告。

负责特种设备安全监督管理的部门应当组织对特种设备检验、检测机构的检验、检测结果和鉴定结论进行监督抽查,但应当防止重复抽查。监督抽查结果应当向社会公布。

第五十四条 特种设备生产、经营、使用单位应当按照安全技术规范的要求向特种设备检验、检测机构及其检验、检测人员提供特种设备相关资料和必要的检验、检测条件,并对资料的真实性负责。

第五十五条 特种设备检验、检测机构及其检验、检测人员对检验、检测过程中知悉的商业秘密,负有保密义务。

特种设备检验、检测机构及其检验、检测人员不得从事有关特种设备的生产、经营活动,不得推荐或者监制、监销特种设备。

第五十六条 特种设备检验机构及其检验人员利用检验工作故意刁难特种设备生产、经营、使用单位的,特种设备生产、经营、使用单位有权向负责特种设备安全监督管理的部门投诉,接到投诉的部门应当及时进行调查处理。

第四章 监督管理

第五十七条 负责特种设备安全监督管理的部门依照本法规定，对特种设备生产、经营、使用单位和检验、检测机构实施监督检查。

负责特种设备安全监督管理的部门应当对学校、幼儿园以及医院、车站、客运码头、商场、体育场馆、展览馆、公园等公众聚集场所的特种设备，实施重点安全监督检查。

第五十八条 负责特种设备安全监督管理的部门实施本法规定的许可工作，应当依照本法和其他有关法律、行政法规规定的条件和程序以及安全技术规范的要求进行审查；不符合规定的，不得许可。

第五十九条 负责特种设备安全监督管理的部门在办理本法规定的许可时，其受理、审查、许可的程序必须公开，并应当自受理申请之日起三十日内，作出许可或者不予许可的决定；不予许可的，应当书面向申请人说明理由。

第六十条 负责特种设备安全监督管理的部门对依法办理使用登记的特种设备应当建立完整的监督管理档案和信息查询系统；对达到报废条件的特种设备，应当及时督促特种设备使用单位依法履行报废义务。

第六十一条 负责特种设备安全监督管理的部门在依法履行监督检查职责时，可以行使下列职权：

（一）进入现场进行检查，向特种设备生产、经营、使用单位和检验、检测机构的主要负责人和其他有关人员调查、了解有关情况；

（二）根据举报或者取得的涉嫌违法证据，查阅、复制特种设备生产、经营、使用单位和检验、检测机构的有关合同、发票、账簿以及其他有关资料；

（三）对有证据表明不符合安全技术规范要求或者存在严重事故隐患的特种设备实施查封、扣押；

（四）对流入市场的达到报废条件或者已经报废的特种设备实施查封、扣押；

（五）对违反本法规定的行为作出行政处罚决定。

第六十二条 负责特种设备安全监督管理的部门在依法履行职责过程中，发现违反本法规定和安全技术规范要求的行为或者特种设备存在事故隐患时，应当以书面形式发出特种设备安全监察指令，责令有关单位及时采取措施予以改正或者消除事故隐患。紧急情况下要求有关单位采取紧急处置措施的，应当随后补发特种设备安全监察指令。

第六十三条 负责特种设备安全监督管理的部门在依法履行职责过程中，发现重大违法行为或者特种设备存在严重事故隐患时，应当责令有关单位立即停止违法行为、采取措施消除事故隐患，并及时向上级负责特种设备安全监督管理的部门报告。接到报告的负责特种设备安全监督管理的部门应当采取必要措施，及时予以处理。

对违法行为、严重事故隐患的处理需要当地人民政府和有关部门的支持、配合时，负责特种设备安全监督管理的部门应当报告当地人民政府，并通知其他有关部门。当地人民政府和其他有关部门应当采取必要措施，及时予以处理。

第六十四条 地方各级人民政府负责特种设备安全监督管理的部门不得要求已经依照本法规定在其他地方取得许可的特种设备生产单位重复取得许可，不得要求对已经依照本法规定在其他地方检验合格的特种设备重复进行检验。

第六十五条 负责特种设备安全监督管理的部门的安全监察人员应当熟悉相关法律、法规，具有相应的专业知识和工作经验，取得特种设备安全行政执法证件。

特种设备安全监察人员应当忠于职守、坚持原则、秉公执法。

负责特种设备安全监督管理的部门实施安全监督检查时，应当有二名以上特种设备安全监察人员参加，并出示有效的特种设备安全行政执法证件。

第六十六条 负责特种设备安全监督管理的部门对特种设备生产、经营、使用单位和检验、检测机构实施监督检查，应当对每次监督检查的内容、发现的问题及处理情况作出记录，并由参加监督检查的特种设备安全监察人员和被检查单位的有关负责人签字后归档。被检查单位的有关负责人拒绝签字的，特种设备安全监察人员应当将情况记录在案。

第六十七条 负责特种设备安全监督管理的部门及其工作人员不得推荐或者监制、监销特种设备；对履行职责过程中知悉的商业秘密负有保密义务。

第六十八条 国务院负责特种设备安全监督管理的部门和省、自治区、直辖市人民政府负责特种设备安全监督管理的部门应当定期向社会公布特种设备安全总体状况。

第五章　事故应急救援与调查处理

第六十九条 国务院负责特种设备安全监督管理的部门应当依法组织制定特种设备重特大事故应急预案，报国务院批准后纳入国家突发事件应急预案体系。

县级以上地方各级人民政府及其负责特种设备安全监督管理的部门应当依法组织制定本行政区域内特种设备事故应急预案，建立或者纳入相应的应急处置与救援体系。

特种设备使用单位应当制定特种设备事故应急专项预案，并定期进行应急演练。

第七十条 特种设备发生事故后，事故发生单位应当按照应急预案采取措施，组织抢救，防止事故扩大，减少人员伤亡和财产损失，保护事故现场和有关证据，并及时向事故发生地县级以上人民政府负责特种设备安全监督管理的部门和有关部门报告。

县级以上人民政府负责特种设备安全监督管理的部门接到事故报告，应当尽快核实情况，立即向本级人民政府报告，并按照规定逐级上报。必要时，负责特种设备安全监督管理的部门可以越级上报事故情况。对特别重大事故、重大事故，国务院负责特种设备安全监督管理的部门应当立即报告国务院并通报国务院安全生产监督管理部门等有关部门。

与事故相关的单位和人员不得迟报、谎报或者瞒报事故情况，不得隐匿、毁灭有关证据或者故意破坏事故现场。

第七十一条 事故发生地人民政府接到事故报告，应当依法启动应急预案，采取应急处置措施，组织应急救援。

第七十二条 特种设备发生特别重大事故，由国务院或者国务院授权有关部门组织事故调查组进行调查。

发生重大事故，由国务院负责特种设备安全监督管理的部门会同有关部门组织事故调查组进行调查。

发生较大事故，由省、自治区、直辖市人民政府负责特种设备安全监督管理的部门会同有关部门组织事故调查组进行调查。

发生一般事故，由设区的市级人民政府负责特种设备安全监督管理的部门会同有关部门组织事故调查组进行调查。

事故调查组应当依法、独立、公正开展调查，提出事故调查报告。

第七十三条 组织事故调查的部门应当将事故调查报告报本级人民政府，并报上一级人民政府负责特种设备安全监督管理的部门备案。有关部门和单位应当依照法律、行政法规的规定，追究事故责任单位和人员的责任。

事故责任单位应当依法落实整改措施，预防同类事故发生。事故造成损害的，事故责任单位应当依法承担赔偿责任。

第六章 法律责任

第七十四条 违反本法规定，未经许可从事特种设备生产活动的，责令停止生产，没收违法制造的特种设备，处十万元以上五十万元以下罚款；有违法所得的，没收违法所得；已经实施安装、改造、修理的，责令恢复原状或者责令限期由取得许可的单位重新安装、改造、修理。

第七十五条 违反本法规定，特种设备的设计文件未经鉴定，擅自用于制造的，责令改正，没收违法制造的特种设备，处五万元以上五十万元以下罚款。

第七十六条 违反本法规定，未进行型式试验的，责令限期改正；逾期未改正的，处三万元以上三十万元以下罚款。

第七十七条 违反本法规定，特种设备出厂时，未按照安全技术规范的要求随附相关技术资料和文件的，责令限期改正；逾期未改正的，责令停止制造、销售，处二万元以上二十万元以下罚款；有违法所得的，没收违法所得。

第七十八条 违反本法规定，特种设备安装、改造、修理的施工单位在施工前未书面告知负责特种设备安全监督管理的部门即行施工的，或者在验收后三十日内未将相关技术资料和文件移交特种设备使用单位的，责令限期改正；逾期未改正的，处一万元以上十万元以下罚款。

第七十九条 违反本法规定，特种设备的制造、安装、改造、重大修理以及锅炉清洗过程，未经监督检验的，责令限期改正；逾期未改正的，处五万元以上二十万元以下罚款；有违法所得的，没收违法所得；情节严重的，吊销生产许可证。

第八十条 违反本法规定，电梯制造单位有下列情形之一的，责令限期改正；逾期未改正的，处一万元以上十万元以下罚款：

（一）未按照安全技术规范的要求对电梯进行校验、调试的；

（二）对电梯的安全运行情况进行跟踪调查和了解时，发现存在严重事故隐患，未及时告知电梯使用单位并向负责特种设备安全监督管理的部门报告的。

第八十一条 违反本法规定，特种设备生产单位有下列行为之一的，责令限期改正；逾期未改正的，责令停止生产，处五万元以上五十万元以下罚款；情节严重的，吊销生产许可证：

（一）不再具备生产条件、生产许可证已经过期或者超出许可范围生产的；

（二）明知特种设备存在同一性缺陷，未立即停止生产并召回的。

违反本法规定，特种设备生产单位生产、销售、交付国家明令淘汰的特种设备的,责令停止生产、销售,没收违法生产、销售、交付的特种设备,处三万元以上三十万元以下罚款;有违法所得的,没收违法所得。

特种设备生产单位涂改、倒卖、出租、出借生产许可证的,责令停止生产,处五万元以上五十万元以下罚款;情节严重的,吊销生产许可证。

第八十二条 违反本法规定,特种设备经营单位有下列行为之一的,责令停止经营,没收违法经营的特种设备,处三万元以上三十万元以下罚款;有违法所得的,没收违法所得:

(一)销售、出租未取得许可生产,未经检验或者检验不合格的特种设备的;

(二)销售、出租国家明令淘汰、已经报废的特种设备,或者未按照安全技术规范的要求进行维护保养的特种设备的。

违反本法规定,特种设备销售单位未建立检查验收和销售记录制度,或者进口特种设备未履行提前告知义务的,责令改正,处一万元以上十万元以下罚款。

特种设备生产单位销售、交付未经检验或者检验不合格的特种设备的,依照本条第一款规定处罚;情节严重的,吊销生产许可证。

第八十三条 违反本法规定,特种设备使用单位有下列行为之一的,责令限期改正;逾期未改正的,责令停止使用有关特种设备,处一万元以上十万元以下罚款:

(一)使用特种设备未按照规定办理使用登记的;

(二)未建立特种设备安全技术档案或者安全技术档案不符合规定要求,或者未依法设置使用登记标志、定期检验标志的;

(三)未对其使用的特种设备进行经常性维护保养和定期自行检查,或未对其使用的特种设备的安全附件、安全保护装置进行定期校验、检修,并作出记录的;

(四)未按照安全技术规范的要求及时申报并接受检验的;

(五)未按照安全技术规范的要求进行锅炉水(介)质处理的;

(六)未制定特种设备事故应急专项预案的。

第八十四条 违反本法规定,特种设备使用单位有下列行为之一的,责令停止使用有关特种设备,处三万元以上三十万元以下罚款:

(一)使用未取得许可生产,未经检验或者检验不合格的特种设备,或者国家明令淘汰、已经报废的特种设备的;

(二)特种设备出现故障或者发生异常情况,未对其进行全面检查、消除事故隐患,继续使用的;

（三）特种设备存在严重事故隐患，无改造、修理价值，或者达到安全技术规范规定的其他报废条件，未依法履行报废义务，并办理使用登记证书注销手续的。

第八十五条　违反本法规定，移动式压力容器、气瓶充装单位有下列行为之一的，责令改正，处二万元以上二十万元以下罚款；情节严重的，吊销充装许可证：

（一）未按照规定实施充装前后的检查、记录制度的；

（二）对不符合安全技术规范要求的移动式压力容器和气瓶进行充装的。

违反本法规定，未经许可，擅自从事移动式压力容器或者气瓶充装活动的，予以取缔，没收违法充装的气瓶，处十万元以上五十万元以下罚款；有违法所得的，没收违法所得。

第八十六条　违反本法规定，特种设备生产、经营、使用单位有下列情形之一的，责令限期改正；逾期未改正的，责令停止使用有关特种设备或者停产停业整顿，处一万元以上五万元以下罚款：

（一）未配备具有相应资格的特种设备安全管理人员、检测人员和作业人员的；

（二）使用未取得相应资格的人员从事特种设备安全管理、检测和作业的；

（三）未对特种设备安全管理人员、检测人员和作业人员进行安全教育和技能培训的。

第八十七条　违反本法规定，电梯、客运索道、大型游乐设施的运营使用单位有下列情形之一的，责令限期改正；逾期未改正的，责令停止使用有关特种设备或者停产停业整顿，处二万元以上十万元以下罚款：

（一）未设置特种设备安全管理机构或者配备专职的特种设备安全管理人员的；

（二）客运索道、大型游乐设施每日投入使用前，未进行试运行和例行安全检查，未对安全附件和安全保护装置进行检查确认的；

（三）未将电梯、客运索道、大型游乐设施的安全使用说明、安全注意事项和警示标志置于易于为乘客注意的显著位置的。

第八十八条　违反本法规定，未经许可，擅自从事电梯维护保养的，责令停止违法行为，处一万元以上十万元以下罚款；有违法所得的，没收违法所得。

电梯的维护保养单位未按照本法规定以及安全技术规范的要求，进行电梯维护保养的，依照前款规定处罚。

第八十九条　发生特种设备事故，有下列情形之一的，对单位处五万元以上二十万元以下罚款；对主要负责人处一万元以上五万元以下罚款；主要负责人属于国家工作人员的，并依法给予处分：

（一）发生特种设备事故时，不立即组织抢救或者在事故调查处理期间擅离职守或者逃匿的；

（二）对特种设备事故迟报、谎报或者瞒报的。

第九十条　发生事故，对负有责任的单位除要求其依法承担相应的赔偿等责任外，依照下列规定处以罚款：

（一）发生一般事故，处十万元以上二十万元以下罚款；

（二）发生较大事故，处二十万元以上五十万元以下罚款；

（三）发生重大事故，处五十万元以上二百万元以下罚款。

第九十一条　对事故发生负有责任的单位的主要负责人未依法履行职责或者负有领导责任的，依照下列规定处以罚款；属于国家工作人员的，并依法给予处分：

（一）发生一般事故，处上一年年收入百分之三十的罚款；

（二）发生较大事故，处上一年年收入百分之四十的罚款；

（三）发生重大事故，处上一年年收入百分之六十的罚款。

第九十二条　违反本法规定，特种设备安全管理人员、检测人员和作业人员不履行岗位职责，违反操作规程和有关安全规章制度，造成事故的，吊销相关人员的资格。

第九十三条　违反本法规定，特种设备检验、检测机构及其检验、检测人员有下列行为之一的，责令改正，对机构处五万元以上二十万元以下罚款，对直接负责的主管人员和其他直接责任人员处五千元以上五万元以下罚款；情节严重的，吊销机构资质和有关人员的资格：

（一）未经核准或者超出核准范围、使用未取得相应资格的人员从事检验、检测的；

（二）未按照安全技术规范的要求进行检验、检测的；

（三）出具虚假的检验、检测结果和鉴定结论或者检验、检测结果和鉴定结论严重失实的；

（四）发现特种设备存在严重事故隐患，未及时告知相关单位，并立即向负责特种设备安全监督管理的部门报告的；

（五）泄露检验、检测过程中知悉的商业秘密的；

（六）从事有关特种设备的生产、经营活动的；

（七）推荐或者监制、监销特种设备的；

（八）利用检验工作故意刁难相关单位的。

违反本法规定，特种设备检验、检测机构的检验、检测人员同时在两个以上检验、检测机构中执业的，处五千元以上五万元以下罚款；情节严重的，吊销其资格。

第九十四条 违反本法规定，负责特种设备安全监督管理的部门及其工作人员有下列行为之一的，由上级机关责令改正；对直接负责的主管人员和其他直接责任人员，依法给予处分：

（一）未依照法律、行政法规规定的条件、程序实施许可的；

（二）发现未经许可擅自从事特种设备的生产、使用或者检验、检测活动不予取缔或者不依法予以处理的；

（三）发现特种设备生产单位不再具备本法规定的条件而不吊销其许可证，或者发现特种设备生产、经营、使用违法行为不予查处的；

（四）发现特种设备检验、检测机构不再具备本法规定的条件而不撤销其核准，或者对其出具虚假的检验、检测结果和鉴定结论或者检验、检测结果和鉴定结论严重失实的行为不予查处的；

（五）发现违反本法规定和安全技术规范要求的行为或者特种设备存在事故隐患，不立即处理的；

（六）发现重大违法行为或者特种设备存在严重事故隐患，未及时向上级负责特种设备安全监督管理的部门报告，或者接到报告的负责特种设备安全监督管理的部门不立即处理的；

（七）要求已经依照本法规定在其他地方取得许可的特种设备生产单位重复取得许可，或者要求对已经依照本法规定在其他地方检验合格的特种设备重复进行检验的；

（八）推荐或者监制、监销特种设备的；

（九）泄露履行职责过程中知悉的商业秘密的；

（十）接到特种设备事故报告未立即向本级人民政府报告，并按照规定上报的；

（十一）迟报、漏报、谎报或者瞒报事故的；

（十二）妨碍事故救援或者事故调查处理的；

（十三）其他滥用职权、玩忽职守、徇私舞弊的行为。

第九十五条 违反本法规定，特种设备生产、经营、使用单位或者检验、检测机构拒不接受负责特种设备安全监督管理的部门依法实施的监督检查的，责令限期改正；逾期未改正的，责令停产停业整顿，处二万元以上二十万元以下罚款。

特种设备生产、经营、使用单位擅自动用、调换、转移、损毁被查封、扣押的特种设备或者其主要部件的，责令改正，处五万元以上二十万元以下罚款；情节严重的，吊销生产许可证，注销特种设备使用登记证书。

第九十六条 违反本法规定，被依法吊销许可证的，自吊销许可证之日起三年内，负责特种设备安全监督管理的部门不予受理其新的许可申请。

第九十七条 违反本法规定，造成人身、财产损害的，依法承担民事责任。

违反本法规定，应当承担民事赔偿责任和缴纳罚款、罚金，其财产不足以同时支付时，先承担民事赔偿责任。

第九十八条 违反本法规定，构成违反治安管理行为的，依法给予治安管理处罚；构成犯罪的，依法追究刑事责任。

第七章 附　则

第九十九条 特种设备行政许可、检验的收费，依照法律、行政法规的规定执行。

第一百条 军事装备、核设施、航空航天器使用的特种设备安全的监督管理不适用本法。

铁路机车、海上设施和船舶、矿山井下使用的特种设备以及民用机场专用设备安全的监督管理，房屋建筑工地、市政工程工地用起重机械和场（厂）内专用机动车辆的安装、使用的监督管理，由有关部门依照本法和其他有关法律的规定实施。

第一百零一条 本法自2014年1月1日起施行。

高校实验室安全教程

危险化学品安全管理条例

（2002年1月26日中华人民共和国国务院令第344号公布　2011年2月16日国务院第144次常务会议修订通过　根据2013年12月7日《国务院关于修改部分行政法规的决定》修订）

第一章 总 则

第一条 为了加强危险化学品的安全管理，预防和减少危险化学品事故，保障人民群众生命财产安全，保护环境，制定本条例。

第二条 危险化学品生产、储存、使用、经营和运输的安全管理，适用本条例。

废弃危险化学品的处置，依照有关环境保护的法律、行政法规和国家有关规定执行。

第三条 本条例所称危险化学品，是指具有毒害、腐蚀、爆炸、燃烧、助燃等性质，对人体、设施、环境具有危害的剧毒化学品和其他化学品。

危险化学品目录，由国务院安全生产监督管理部门会同国务院工业和信息化、公安、环境保护、卫生、质量监督检验检疫、交通运输、铁路、民用航空、农业主管部门，根据化学品危险特性的鉴别和分类标准确定、公布，并适时调整。

第四条 危险化学品安全管理，应当坚持安全第一、预防为主、综合治理的方针，强化和落实企业的主体责任。

生产、储存、使用、经营、运输危险化学品的单位（以下统称危险化学品单位）的主要负责人对本单位的危险化学品安全管理工作全面负责。

危险化学品单位应当具备法律、行政法规规定和国家标准、行业标准要求的安全条件，建立、健全安全管理规章制度和岗位安全责任制度，对从业人员进行安全教育、法制教育和岗位技术培训。从业人员应当接受教育和培训，考核合格后上岗作业；对有资格要求的岗位，应当配备依法取得相应资格的人员。

第五条 任何单位和个人不得生产、经营、使用国家禁止生产、经营、使用的危险化学品。

国家对危险化学品的使用有限制性规定的，任何单位和个人不得违反限制性规定使用危险化学品。

第六条 对危险化学品的生产、储存、使用、经营、运输实施安全监督管理的有关部门（以下统称负有危险化学品安全监督管理职责的部门），依照下列规定履行职责：

（一）安全生产监督管理部门负责危险化学品安全监督管理综合工作，组织确定、公布、调整危险化学品目录，对新建、改建、扩建生产、储存危险化学品（包括使用长输管道输送危险化学品，下同）的建设项目进行安全条件审查，核发危险化学品安全生产许可证、危险化学品安全使用许可证和危险化学品经营许可证，并负责危险化学品登记工作。

（二）公安机关负责危险化学品的公共安全管理，核发剧毒化学品购买许可证、剧毒化学品道路运输通行证，并负责危险化学品运输车辆的道路交通安全管理。

（三）质量监督检验检疫部门负责核发危险化学品及其包装物、容器（不包括储存危险化学品的固定式大型储罐，下同）生产企业的工业产品生产许可证，并依法对其产品质量实施监督，负责对进出口危险化学品及其包装实施检验。

（四）环境保护主管部门负责废弃危险化学品处置的监督管理，组织危险化学品的环境危害性鉴定和环境风险程度评估，确定实施重点环境管理的危险化学品，负责危险化学品环境管理登记和新化学物质环境管理登记；依照职责分工调查相关危险化学品环境污染事故和生态破坏事件，负责危险化学品事故现场的应急环境监测。

（五）交通运输主管部门负责危险化学品道路运输、水路运输的许可以及运输工具的安全管理，对危险化学品水路运输安全实施监督，负责危险化学品道路运输企业、水路运输企业驾驶人员、船员、装卸管理人员、押运人员、申报人员、集装箱装箱现场检查员的资格认定。铁路监管部门负责危险化学品铁路运输及其运输工具的安全管理。民用航空主管部门负责危险化学品航空运输以及航空运输企业及其运输工具的安全管理。

（六）卫生主管部门负责危险化学品毒性鉴定的管理，负责组织、协调危险化学品事故受伤人员的医疗卫生救援工作。

（七）工商行政管理部门依据有关部门的许可证件，核发危险化学品生产、储存、经营、运输企业营业执照，查处危险化学品经营企业违法采购危险化学品的行为。

（八）邮政管理部门负责依法查处寄递危险化学品的行为。

第七条 负有危险化学品安全监督管理职责的部门依法进行监督检查，可以采取下列措施：

（一）进入危险化学品作业场所实施现场检查，向有关单位和人员了解情况，查阅、复制有关文件、资料；

（二）发现危险化学品事故隐患，责令立即消除或者限期消除；

（三）对不符合法律、行政法规、规章规定或者国家标准、行业标准要求的设施、设备、装置、器材、运输工具，责令立即停止使用；

（四）经本部门主要负责人批准，查封违法生产、储存、使用、经营危险化学品的场所，扣押违法生产、储存、使用、经营、运输的危险化学品以及用于违法生产、使用、运输危险化学品的原材料、设备、运输工具；

（五）发现影响危险化学品安全的违法行为，当场予以纠正或者责令限期改正。

负有危险化学品安全监督管理职责的部门依法进行监督检查，监督检查人员不得少于2人，并应当出示执法证件；有关单位和个人对依法进行的监督检查应当予以配合，不得拒绝、阻碍。

第八条 县级以上人民政府应当建立危险化学品安全监督管理工作协调机制，支持、督促负有危险化学品安全监督管理职责的部门依法履行职责，协调、解决危险化学品安全监督管理工作中的重大问题。

负有危险化学品安全监督管理职责的部门应当相互配合、密切协作，依法加强对危险化学品的安全监督管理。

第九条 任何单位和个人对违反本条例规定的行为，有权向负有危险化学品安全监督管理职责的部门举报。负有危险化学品安全监督管理职责的部门接到举报，应当及时依法处理；对不属于本部门职责的，应当及时移送有关部门处理。

第十条 国家鼓励危险化学品生产企业和使用危险化学品从事生产的企业采用有利于提高安全保障水平的先进技术、工艺、设备以及自动控制系统，鼓励对危险化学品实行专门储存、统一配送、集中销售。

第二章　生产、储存安全

第十一条 国家对危险化学品的生产、储存实行统筹规划、合理布局。

国务院工业和信息化主管部门以及国务院其他有关部门依据各自职责，负责危险化学品生产、储存的行业规划和布局。

地方人民政府组织编制城乡规划，应当根据本地区的实际情况，按照确保安全的原则，规划适当区域专门用于危险化学品的生产、储存。

第十二条 新建、改建、扩建生产、储存危险化学品的建设项目（以下简称建设项目），应当由安全生产监督管理部门进行安全条件审查。

建设单位应当对建设项目进行安全条件论证，委托具备国家规定的资质条件的机构对建设项目进行安全评价，并将安全条件论证和安全评价的情况报告报建设项目所在地设区的市级以上人民政府安全生产监督管理部门；安全生产监督管理部门应当自收到报告之日起45日内作出审查决定，并书面通知建设单位。具体办法由国务院安全生产监督管理部门制定。

新建、改建、扩建储存、装卸危险化学品的港口建设项目，由港口行政管理部门按照国务院交通运输主管部门的规定进行安全条件审查。

第十三条 生产、储存危险化学品的单位，应当对其铺设的危险化学品管道设置明显标志，并对危险化学品管道定期检查、检测。

进行可能危及危险化学品管道安全的施工作业，施工单位应当在开工的7日前书面通知管道所属单位，并与管道所属单位共同制定应急预案，采取相应的安全防护措施。管道所属单位应当指派专门人员到现场进行管道安全保护指导。

第十四条 危险化学品生产企业进行生产前，应当依照《安全生产许可证条例》的规定，取得危险化学品安全生产许可证。

生产列入国家实行生产许可证制度的工业产品目录的危险化学品的企业，应当依照《中华人民共和国工业产品生产许可证管理条例》的规定，取得工业产品生产许可证。

负责颁发危险化学品安全生产许可证、工业产品生产许可证的部门，应当将其颁发许可证的情况及时向同级工业和信息化主管部门、环境保护主管部门和公安机关通报。

第十五条 危险化学品生产企业应当提供与其生产的危险化学品相符的化学品安全技术说明书，并在危险化学品包装（包括外包装件）上粘贴或者拴挂与包装内危险化学品相符的化学品安全标签。化学品安全技术说明书和化学品安全标签所载明的内容应当符合国家标准的要求。

危险化学品生产企业发现其生产的危险化学品有新的危险特性的，应当立即公告，并及时修订其化学品安全技术说明书和化学品安全标签。

第十六条 生产实施重点环境管理的危险化学品的企业，应当按照国务院环境保护主管部门的规定，将该危险化学品向环境中释放等相关信息向环境保护主管部门报告。环境保护主管部门可以根据情况采取相应的环境风险控制措施。

第十七条 危险化学品的包装应当符合法律、行政法规、规章的规定以及国家标准、行业标准的要求。

危险化学品包装物、容器的材质以及危险化学品包装的型式、规格、方法和单件质量（重量），应当与所包装的危险化学品的性质和用途相适应。

第十八条 生产列入国家实行生产许可证制度的工业产品目录的危险化学品包装物、容器的企业，应当依照《中华人民共和国工业产品生产许可证管理条例》的规定，取得工业产品生产许可证；其生产的危险化学品包装物、容器经国务院质量监督检验检疫部门认定的检验机构检验合格，方可出厂销售。

运输危险化学品的船舶及其配载的容器，应当按照国家船舶检验规范进行生产，并经海事管理机构认定的船舶检验机构检验合格，方可投入使用。

对重复使用的危险化学品包装物、容器，使用单位在重复使用前应当进行检查；发现存在安全隐患的，应当维修或者更换。使用单位应当对检查情况作出记录，记录的保存期限不得少于2年。

第十九条 危险化学品生产装置或者储存数量构成重大危险源的危险化学品储存设施（运输工具加油站、加气站除外），与下列场所、设施、区域的距离应当符合国家有关规定：

（一）居住区以及商业中心、公园等人员密集场所；

（二）学校、医院、影剧院、体育场（馆）等公共设施；

（三）饮用水源、水厂以及水源保护区；

（四）车站、码头（依法经许可从事危险化学品装卸作业的除外）、机场以及通信干线、通信枢纽、铁路线路、道路交通干线、水路交通干线、地铁风亭以及地铁站出入口；

（五）基本农田保护区、基本草原、畜禽遗传资源保护区、畜禽规模化养殖场（养殖小区）、渔业水域以及种子、种畜禽、水产苗种生产基地；

（六）河流、湖泊、风景名胜区、自然保护区；

（七）军事禁区、军事管理区；

（八）法律、行政法规规定的其他场所、设施、区域。

已建的危险化学品生产装置或者储存数量构成重大危险源的危险化学品储存设施不符合前款规定的，由所在地设区的市级人民政府安全生产监督管理部门会同有关部门监督其所属单位在规定期限内进行整改；需要转产、停产、搬迁、关闭的，由本级人民政府决定并组织实施。

储存数量构成重大危险源的危险化学品储存设施的选址，应当避开地震活动断层和容易发生洪灾、地质灾害的区域。

本条例所称重大危险源，是指生产、储存、使用或者搬运危险化学品，且危险化学品的数量等于或者超过临界量的单元（包括场所和设施）。

第二十条 生产、储存危险化学品的单位，应当根据其生产、储存的危险化学品的种类和危险特性，在作业场所设置相应的监测、监控、通风、防晒、调温、防火、灭火、防爆、泄压、防毒、中和、防潮、防雷、防静电、防腐、防泄漏以及防护围堤或者隔离操作等安全设施、设备，并按照国家标准、行业标准或者国家有关规定对安全设施、设备进行经常性维护、保养，保证安全设施、设备的正常使用。

生产、储存危险化学品的单位，应当在其作业场所和安全设施、设备上设置明显的安全警示标志。

第二十一条 生产、储存危险化学品的单位，应当在其作业场所设置通信、报警装置，并保证处于适用状态。

第二十二条 生产、储存危险化学品的企业，应当委托具备国家规定的资质条件的机构，对本企业的安全生产条件每3年进行一次安全评价，提出安全评价报告。安全评价报告的内容应当包括对安全生产条件存在的问题进行整改的方案。

生产、储存危险化学品的企业，应当将安全评价报告以及整改方案的落实情况报所在地县级人民政府安全生产监督管理部门备案。在港区内储存危险化学品的企业，应当将安全评价报告以及整改方案的落实情况报港口行政管理部门备案。

第二十三条 生产、储存剧毒化学品或者国务院公安部门规定的可用于制造爆炸物品的危险化学品（以下简称易制爆危险化学品）的单位，应当如实记录其生产、储存的剧毒化学品、易制爆危险化学品的数量、流向，并采取必要的安全防范措施，防止剧毒化学品、易制爆危险化学品丢失或者被盗；发现剧毒化学品、易制爆危险化学品丢失或者被盗的，应当立即向当地公安机关报告。

生产、储存剧毒化学品、易制爆危险化学品的单位，应当设置治安保卫机构，配备专职治安保卫人员。

第二十四条 危险化学品应当储存在专用仓库、专用场地或者专用储存室（以下统称专用仓库）内，并由专人负责管理；剧毒化学品以及储存数量构成重大危险源的其他危险化学品，应当在专用仓库内单独存放，并实行双人收发、双人保管制度。

危险化学品的储存方式、方法以及储存数量应当符合国家标准或者国家有关规定。

第二十五条 储存危险化学品的单位应当建立危险化学品出入库核查、登记制度。

对剧毒化学品以及储存数量构成重大危险源的其他危险化学品，储存单位应当将其储存数量、储存地点以及管理人员的情况，报所在地县级人民政府安全生产监督管理部门（在港区内储存的，报港口行政管理部门）和公安机关备案。

第二十六条　危险化学品专用仓库应当符合国家标准、行业标准的要求，并设置明显的标志。储存剧毒化学品、易制爆危险化学品的专用仓库，应当按照国家有关规定设置相应的技术防范设施。

储存危险化学品的单位应当对其危险化学品专用仓库的安全设施、设备定期进行检测、检验。

第二十七条　生产、储存危险化学品的单位转产、停产、停业或者解散的，应当采取有效措施，及时、妥善处置其危险化学品生产装置、储存设施以及库存的危险化学品，不得丢弃危险化学品；处置方案应当报所在地县级人民政府安全生产监督管理部门、工业和信息化主管部门、环境保护主管部门和公安机关备案。安全生产监督管理部门应当会同环境保护主管部门和公安机关对处置情况进行监督检查，发现未依照规定处置的，应当责令其立即处置。

第三章　使用安全

第二十八条　使用危险化学品的单位，其使用条件（包括工艺）应当符合法律、行政法规的规定和国家标准、行业标准的要求，并根据所使用的危险化学品的种类、危险特性以及使用量和使用方式，建立、健全使用危险化学品的安全管理规章制度和安全操作规程，保证危险化学品的安全使用。

第二十九条　使用危险化学品从事生产并且使用量达到规定数量的化工企业（属于危险化学品生产企业的除外，下同），应当依照本条例的规定取得危险化学品安全使用许可证。

前款规定的危险化学品使用量的数量标准，由国务院安全生产监督管理部门会同国务院公安部门、农业主管部门确定并公布。

第三十条　申请危险化学品安全使用许可证的化工企业，除应当符合本条例第二十八条的规定外，还应当具备下列条件：

（一）有与所使用的危险化学品相适应的专业技术人员；

（二）有安全管理机构和专职安全管理人员；

（三）有符合国家规定的危险化学品事故应急预案和必要的应急救援器材、设备；

（四）依法进行了安全评价。

第三十一条　申请危险化学品安全使用许可证的化工企业，应当向所在地设区的市级人民政府安全生产监督管理部门提出申请，并提交其符合本条例第三十条规定条件的证明材料。设区的市级人民政府安全生产监督管理部门应当依法进行审查，自收到证明材料之日起45日内作出批准或者不予批准的决定。予以批准的，颁发危险化学品安全使用许可证；不予批准的，书面通知申请人并说明理由。

安全生产监督管理部门应当将其颁发危险化学品安全使用许可证的情况及时向同级环境保护主管部门和公安机关通报。

第三十二条　本条例第十六条关于生产实施重点环境管理的危险化学品的企业的规定，适用于使用实施重点环境管理的危险化学品从事生产的企业；第二十条、第二十一条、第二十三条第一款、第二十七条关于生产、储存危险化学品的单位的规定，适用于使用危险化学品的单位；第二十二条关于生产、储存危险化学品的企业的规定，适用于使用危险化学品从事生产的企业。

第四章　经营安全

第三十三条　国家对危险化学品经营（包括仓储经营，下同）实行许可制度。未经许可，任何单位和个人不得经营危险化学品。

依法设立的危险化学品生产企业在其厂区范围内销售本企业生产的危险化学品，不需要取得危险化学品经营许可。

依照《中华人民共和国港口法》的规定取得港口经营许可证的港口经营人，在港区内从事危险化学品仓储经营，不需要取得危险化学品经营许可。

第三十四条　从事危险化学品经营的企业应当具备下列条件：

（一）有符合国家标准、行业标准的经营场所，储存危险化学品的，还应当有符合国家标准、行业标准的储存设施；

（二）从业人员经过专业技术培训并经考核合格；

（三）有健全的安全管理规章制度；

（四）有专职安全管理人员；

（五）有符合国家规定的危险化学品事故应急预案和必要的应急救援器材、设备；

（六）法律、法规规定的其他条件。

第三十五条　从事剧毒化学品、易制爆危险化学品经营的企业，应当向所在地设区的市级人民政府安全生产监督管理部门提出申请，从事其他危险化学品经营的企业，应当向所在地县级人民政府安全生产监督管理部门提出申请（有储存设施的，应当向所在地设区的市级人民政府安全生产监督管理部门提出申请)。申请人应当提交其符合本条例第三十四条规定条件的证明材料。设区的市级人民政府安全生产监督管理部门或者县级人民政府安全生产监督管理部门应当依法进行审查，并对申请人的经营场所、储存设施进行现场核查，自收到证明材料之日起30日内作出批准或者不予批准的决定。予以批准的，颁发危险化学品经营许可证；不予批准的，书面通知申请人并说明理由。

设区的市级人民政府安全生产监督管理部门和县级人民政府安全生产监督管理部门应当将其颁发危险化学品经营许可证的情况及时向同级环境保护主管部门和公安机关通报。

申请人持危险化学品经营许可证向工商行政管理部门办理登记手续后，方可从事危险化学品经营活动。法律、行政法规或者国务院规定经营危险化学品还需要经其他有关部门许可的，申请人向工商行政管理部门办理登记手续时还应当持相应的许可证件。

第三十六条　危险化学品经营企业储存危险化学品的，应当遵守本条例第二章关于储存危险化学品的规定。危险化学品商店内只能存放民用小包装的危险化学品。

第三十七条　危险化学品经营企业不得向未经许可从事危险化学品生产、经营活动的企业采购危险化学品，不得经营没有化学品安全技术说明书或者化学品安全标签的危险化学品。

第三十八条　依法取得危险化学品安全生产许可证、危险化学品安全使用许可证、危险化学品经营许可证的企业，凭相应的许可证件购买剧毒化学品、易制爆危险化学品。民用爆炸物品生产企业凭民用爆炸物品生产许可证购买易制爆危险化学品。

前款规定以外的单位购买剧毒化学品的，应当向所在地县级人民政府公安机关申请取得剧毒化学品购买许可证；购买易制爆危险化学品的，应当持本单位出具的合法用途说明。

个人不得购买剧毒化学品（属于剧毒化学品的农药除外）和易制爆危险化学品。

第三十九条　申请取得剧毒化学品购买许可证，申请人应当向所在地县级人民政府公安机关提交下列材料：

（一）营业执照或者法人证书（登记证书）的复印件；

（二）拟购买的剧毒化学品品种、数量的说明；

（三）购买剧毒化学品用途的说明；

（四）经办人的身份证明。

县级人民政府公安机关应当自收到前款规定的材料之日起3日内，作出批准或者不予批准的决定。予以批准的，颁发剧毒化学品购买许可证；不予批准的，书面通知申请人并说明理由。

剧毒化学品购买许可证管理办法由国务院公安部门制定。

第四十条 危险化学品生产企业、经营企业销售剧毒化学品、易制爆危险化学品，应当查验本条例第三十八条第一款、第二款规定的相关许可证件或者证明文件，不得向不具有相关许可证件或者证明文件的单位销售剧毒化学品、易制爆危险化学品。对持剧毒化学品购买许可证购买剧毒化学品的，应当按照许可证载明的品种、数量销售。

禁止向个人销售剧毒化学品（属于剧毒化学品的农药除外）和易制爆危险化学品。

第四十一条 危险化学品生产企业、经营企业销售剧毒化学品、易制爆危险化学品，应当如实记录购买单位的名称、地址、经办人的姓名、身份证号码以及所购买的剧毒化学品、易制爆危险化学品的品种、数量、用途。销售记录以及经办人的身份证明复印件、相关许可证件复印件或者证明文件的保存期限不得少于1年。

剧毒化学品、易制爆危险化学品的销售企业、购买单位应当在销售、购买后5日内，将所销售、购买的剧毒化学品、易制爆危险化学品的品种、数量以及流向信息报所在地县级人民政府公安机关备案，并输入计算机系统。

第四十二条 使用剧毒化学品、易制爆危险化学品的单位不得出借、转让其购买的剧毒化学品、易制爆危险化学品；因转产、停产、搬迁、关闭等确需转让的，应当向具有本条例第三十八条第一款、第二款规定的相关许可证件或者证明文件的单位转让，并在转让后将有关情况及时向所在地县级人民政府公安机关报告。

第五章　运输安全

第四十三条 从事危险化学品道路运输、水路运输的，应当分别依照有关道路运输、水路运输的法律、行政法规的规定，取得危险货物道路运输许可、危险货物水路运输许可，并向工商行政管理部门办理登记手续。

危险化学品道路运输企业、水路运输企业应当配备专职安全管理人员。

第四十四条 危险化学品道路运输企业、水路运输企业的驾驶人员、船员、装卸管理人员、押运人员、申报人员、集装箱装箱现场检查员应当经交通运输主管部门考核合格，取得从业资格。具体办法由国务院交通运输主管部门制定。

危险化学品的装卸作业应当遵守安全作业标准、规程和制度，并在装卸管理人员的现场指挥或者监控下进行。水路运输危险化学品的集装箱装箱作业应当在集装箱装箱现场检查员的指挥或者监控下进行，并符合积载、隔离的规范和要求；装箱作业完毕后，集装箱装箱现场检查员应当签署装箱证明书。

第四十五条　运输危险化学品，应当根据危险化学品的危险特性采取相应的安全防护措施，并配备必要的防护用品和应急救援器材。

用于运输危险化学品的槽罐以及其他容器应当封口严密，能够防止危险化学品在运输过程中因温度、湿度或者压力的变化发生渗漏、洒漏；槽罐以及其他容器的溢流和泄压装置应当设置准确、起闭灵活。

运输危险化学品的驾驶人员、船员、装卸管理人员、押运人员、申报人员、集装箱装箱现场检查员，应当了解所运输的危险化学品的危险特性及其包装物、容器的使用要求和出现危险情况时的应急处置方法。

第四十六条　通过道路运输危险化学品的，托运人应当委托依法取得危险货物道路运输许可的企业承运。

第四十七条　通过道路运输危险化学品的，应当按照运输车辆的核定载质量装载危险化学品，不得超载。

危险化学品运输车辆应当符合国家标准要求的安全技术条件，并按照国家有关规定定期进行安全技术检验。

危险化学品运输车辆应当悬挂或者喷涂符合国家标准要求的警示标志。

第四十八条　通过道路运输危险化学品的，应当配备押运人员，并保证所运输的危险化学品处于押运人员的监控之下。

运输危险化学品途中因住宿或者发生影响正常运输的情况，需要较长时间停车的，驾驶人员、押运人员应当采取相应的安全防范措施；运输剧毒化学品或者易制爆危险化学品的，还应当向当地公安机关报告。

第四十九条　未经公安机关批准，运输危险化学品的车辆不得进入危险化学品运输车辆限制通行的区域。危险化学品运输车辆限制通行的区域由县级人民政府公安机关划定，并设置明显的标志。

第五十条　通过道路运输剧毒化学品的，托运人应当向运输始发地或者目的地县级人民政府公安机关申请剧毒化学品道路运输通行证。

申请剧毒化学品道路运输通行证，托运人应当向县级人民政府公安机关提交下列材料：

（一）拟运输的剧毒化学品品种、数量的说明；

（二）运输始发地、目的地、运输时间和运输路线的说明；

（三）承运人取得危险货物道路运输许可、运输车辆取得营运证以及驾驶人员、押运人员取得上岗资格的证明文件；

（四）本条例第三十八条第一款、第二款规定的购买剧毒化学品的相关许可证件，或者海关出具的进出口证明文件。

县级人民政府公安机关应当自收到前款规定的材料之日起7日内，作出批准或者不予批准的决定。予以批准的，颁发剧毒化学品道路运输通行证；不予批准的，书面通知申请人并说明理由。

剧毒化学品道路运输通行证管理办法由国务院公安部门制定。

第五十一条 剧毒化学品、易制爆危险化学品在道路运输途中丢失、被盗、被抢或者出现流散、泄漏等情况的，驾驶人员、押运人员应当立即采取相应的警示措施和安全措施，并向当地公安机关报告。公安机关接到报告后，应当根据实际情况立即向安全生产监督管理部门、环境保护主管部门、卫生主管部门通报。有关部门应当采取必要的应急处置措施。

第五十二条 通过水路运输危险化学品的，应当遵守法律、行政法规以及国务院交通运输主管部门关于危险货物水路运输安全的规定。

第五十三条 海事管理机构应当根据危险化学品的种类和危险特性，确定船舶运输危险化学品的相关安全运输条件。

拟交付船舶运输的化学品的相关安全运输条件不明确的，货物所有人或者代理人应当委托相关技术机构进行评估，明确相关安全运输条件并经海事管理机构确认后，方可交付船舶运输。

第五十四条 禁止通过内河封闭水域运输剧毒化学品以及国家规定禁止通过内河运输的其他危险化学品。

前款规定以外的内河水域，禁止运输国家规定禁止通过内河运输的剧毒化学品以及其他危险化学品。

禁止通过内河运输的剧毒化学品以及其他危险化学品的范围，由国务院交通运输主管部门会同国务院环境保护主管部门、工业和信息化主管部门、安全生产监督管理部门，根据危险化学品的危险特性、危险化学品对人体和水环境的危害程度以及消除危害后果的难易程度等因素规定并公布。

第五十五条 国务院交通运输主管部门应当根据危险化学品的危险特性，对通过内河运输本条例第五十四条规定以外的危险化学品（以下简称通过内河运输危险化学品）实行分类管理，对各类危险化学品的运输方式、包装规范和安全防护措施等分别作出规定并监督实施。

第五十六条　通过内河运输危险化学品，应当由依法取得危险货物水路运输许可的水路运输企业承运，其他单位和个人不得承运。托运人应当委托依法取得危险货物水路运输许可的水路运输企业承运，不得委托其他单位和个人承运。

第五十七条　通过内河运输危险化学品，应当使用依法取得危险货物适装证书的运输船舶。水路运输企业应当针对所运输的危险化学品的危险特性，制定运输船舶危险化学品事故应急救援预案，并为运输船舶配备充足、有效的应急救援器材和设备。

通过内河运输危险化学品的船舶，其所有人或者经营人应当取得船舶污染损害责任保险证书或者财务担保证明。船舶污染损害责任保险证书或者财务担保证明的副本应当随船携带。

第五十八条　通过内河运输危险化学品，危险化学品包装物的材质、型式、强度以及包装方法应当符合水路运输危险化学品包装规范的要求。国务院交通运输主管部门对单船运输的危险化学品数量有限制性规定的，承运人应当按照规定安排运输数量。

第五十九条　用于危险化学品运输作业的内河码头、泊位应当符合国家有关安全规范，与饮用水取水口保持国家规定的距离。有关管理单位应当制定码头、泊位危险化学品事故应急预案，并为码头、泊位配备充足、有效的应急救援器材和设备。

用于危险化学品运输作业的内河码头、泊位，经交通运输主管部门按照国家有关规定验收合格后方可投入使用。

第六十条　船舶载运危险化学品进出内河港口，应当将危险化学品的名称、危险特性、包装以及进出港时间等事项，事先报告海事管理机构。海事管理机构接到报告后，应当在国务院交通运输主管部门规定的时间内作出是否同意的决定，通知报告人，同时通报港口行政管理部门。定船舶、定航线、定货种的船舶可以定期报告。

在内河港口内进行危险化学品的装卸、过驳作业，应当将危险化学品的名称、危险特性、包装和作业的时间、地点等事项报告港口行政管理部门。港口行政管理部门接到报告后，应当在国务院交通运输主管部门规定的时间内作出是否同意的决定，通知报告人，同时通报海事管理机构。

载运危险化学品的船舶在内河航行,通过过船建筑物的,应当提前向交通运输主管部门申报,并接受交通运输主管部门的管理。

第六十一条 载运危险化学品的船舶在内河航行、装卸或者停泊,应当悬挂专用的警示标志,按照规定显示专用信号。

载运危险化学品的船舶在内河航行,按照国务院交通运输主管部门的规定需要引航的,应当申请引航。

第六十二条 载运危险化学品的船舶在内河航行,应当遵守法律、行政法规和国家其他有关饮用水水源保护的规定。内河航道发展规划应当与依法经批准的饮用水水源保护区划定方案相协调。

第六十三条 托运危险化学品的,托运人应当向承运人说明所托运的危险化学品的种类、数量、危险特性以及发生危险情况的应急处置措施,并按照国家有关规定对所托运的危险化学品妥善包装,在外包装上设置相应的标志。

运输危险化学品需要添加抑制剂或者稳定剂的,托运人应当添加,并将有关情况告知承运人。

第六十四条 托运人不得在托运的普通货物中夹带危险化学品,不得将危险化学品匿报或者谎报为普通货物托运。

任何单位和个人不得交寄危险化学品或者在邮件、快件内夹带危险化学品,不得将危险化学品匿报或者谎报为普通物品交寄。邮政企业、快递企业不得收寄危险化学品。

对涉嫌违反本条第一款、第二款规定的,交通运输主管部门、邮政管理部门可以依法开拆查验。

第六十五条 通过铁路、航空运输危险化学品的安全管理,依照有关铁路、航空运输的法律、行政法规、规章的规定执行。

第六章 危险化学品登记与事故应急救援

第六十六条 国家实行危险化学品登记制度,为危险化学品安全管理以及危险化学品事故预防和应急救援提供技术、信息支持。

第六十七条 危险化学品生产企业、进口企业,应当向国务院安全生产监督管理部门负责危险化学品登记的机构(以下简称危险化学品登记机构)办理危险化学品登记。

危险化学品登记包括下列内容:

(一)分类和标签信息;

（二）物理、化学性质；

（三）主要用途；

（四）危险特性；

（五）储存、使用、运输的安全要求；

（六）出现危险情况的应急处置措施。

对同一企业生产、进口的同一品种的危险化学品，不进行重复登记。危险化学品生产企业、进口企业发现其生产、进口的危险化学品有新的危险特性的，应当及时向危险化学品登记机构办理登记内容变更手续。

危险化学品登记的具体办法由国务院安全生产监督管理部门制定。

第六十八条 危险化学品登记机构应当定期向工业和信息化、环境保护、公安、卫生、交通运输、铁路、质量监督检验检疫等部门提供危险化学品登记的有关信息和资料。

第六十九条 县级以上地方人民政府安全生产监督管理部门应当会同工业和信息化、环境保护、公安、卫生、交通运输、铁路、质量监督检验检疫等部门，根据本地区实际情况，制定危险化学品事故应急预案，报本级人民政府批准。

第七十条 危险化学品单位应当制定本单位危险化学品事故应急预案，配备应急救援人员和必要的应急救援器材、设备，并定期组织应急救援演练。

危险化学品单位应当将其危险化学品事故应急预案报所在地设区的市级人民政府安全生产监督管理部门备案。

第七十一条 发生危险化学品事故，事故单位主要负责人应当立即按照本单位危险化学品应急预案组织救援，并向当地安全生产监督管理部门和环境保护、公安、卫生主管部门报告；道路运输、水路运输过程中发生危险化学品事故的，驾驶人员、船员或者押运人员还应当向事故发生地交通运输主管部门报告。

第七十二条 发生危险化学品事故，有关地方人民政府应当立即组织安全生产监督管理、环境保护、公安、卫生、交通运输等有关部门，按照本地区危险化学品事故应急预案组织实施救援，不得拖延、推诿。

有关地方人民政府及其有关部门应当按照下列规定，采取必要的应急处置措施，减少事故损失，防止事故蔓延、扩大：

（一）立即组织营救和救治受害人员，疏散、撤离或者采取其他措施保护危害区域内的其他人员；

（二）迅速控制危害源，测定危险化学品的性质、事故的危害区域及危害程度；

（三）针对事故对人体、动植物、土壤、水源、大气造成的现实危害和可能产生的危害，迅速采取封闭、隔离、洗消等措施；

（四）对危险化学品事故造成的环境污染和生态破坏状况进行监测、评估，并采取相应的环境污染治理和生态修复措施。

第七十三条 有关危险化学品单位应当为危险化学品事故应急救援提供技术指导和必要的协助。

第七十四条 危险化学品事故造成环境污染的，由设区的市级以上人民政府环境保护主管部门统一发布有关信息。

第七章 法律责任

第七十五条 生产、经营、使用国家禁止生产、经营、使用的危险化学品的，由安全生产监督管理部门责令停止生产、经营、使用活动，处20万元以上50万元以下的罚款，有违法所得的，没收违法所得；构成犯罪的，依法追究刑事责任。

有前款规定行为的，安全生产监督管理部门还应当责令其对所生产、经营、使用的危险化学品进行无害化处理。

违反国家关于危险化学品使用的限制性规定使用危险化学品的，依照本条第一款的规定处理。

第七十六条 未经安全条件审查，新建、改建、扩建生产、储存危险化学品的建设项目的，由安全生产监督管理部门责令停止建设，限期改正；逾期不改正的，处50万元以上100万元以下的罚款；构成犯罪的，依法追究刑事责任。

未经安全条件审查，新建、改建、扩建储存、装卸危险化学品的港口建设项目的，由港口行政管理部门依照前款规定予以处罚。

第七十七条 未依法取得危险化学品安全生产许可证从事危险化学品生产，或者未依法取得工业产品生产许可证从事危险化学品及其包装物、容器生产的，分别依照《安全生产许可证条例》《中华人民共和国工业产品生产许可证管理条例》的规定处罚。

违反本条例规定，化工企业未取得危险化学品安全使用许可证，使用危险化学品从事生产的，由安全生产监督管理部门责令限期改正，处10万元以上20万元以下的罚款；逾期不改正的，责令停产整顿。

违反本条例规定，未取得危险化学品经营许可证从事危险化学品经营的，由安全生产监督管理部门责令停止经营活动，没收违法经营的危险化学品以及违法所得，并处10万元以上20万元以下的罚款；构成犯罪的，依法追究刑事责任。

第七十八条 有下列情形之一的，由安全生产监督管理部门责令改正，可以处5万元以下的罚款；拒不改正的，处5万元以上10万元以下的罚款；情节严重的，责令停产停业整顿：

（一）生产、储存危险化学品的单位未对其铺设的危险化学品管道设置明显的标志，或者未对危险化学品管道定期检查、检测的；

（二）进行可能危及危险化学品管道安全的施工作业，施工单位未按照规定书面通知管道所属单位，或者未与管道所属单位共同制定应急预案、采取相应的安全防护措施，或者管道所属单位未指派专门人员到现场进行管道安全保护指导的；

（三）危险化学品生产企业未提供化学品安全技术说明书，或者未在包装（包括外包装件）上粘贴、拴挂化学品安全标签的；

（四）危险化学品生产企业提供的化学品安全技术说明书与其生产的危险化学品不相符，或者在包装（包括外包装件）粘贴、拴挂的化学品安全标签与包装内危险化学品不相符，或者化学品安全技术说明书、化学品安全标签所载明的内容不符合国家标准要求的；

（五）危险化学品生产企业发现其生产的危险化学品有新的危险特性不立即公告，或者不及时修订其化学品安全技术说明书和化学品安全标签的；

（六）危险化学品经营企业经营没有化学品安全技术说明书和化学品安全标签的危险化学品的；

（七）危险化学品包装物、容器的材质以及包装的型式、规格、方法和单件质量（重量）与所包装的危险化学品的性质和用途不相适应的；

（八）生产、储存危险化学品的单位未在作业场所和安全设施、设备上设置明显的安全警示标志，或者未在作业场所设置通信、报警装置的；

（九）危险化学品专用仓库未设专人负责管理，或者对储存的剧毒化学品以及储存数量构成重大危险源的其他危险化学品未实行双人收发、双人保管制度的；

（十）储存危险化学品的单位未建立危险化学品出入库核查、登记制度的；

（十一）危险化学品专用仓库未设置明显标志的；

（十二）危险化学品生产企业、进口企业不办理危险化学品登记，或者发现其生产、进口的危险化学品有新的危险特性不办理危险化学品登记内容变更手续的。

从事危险化学品仓储经营的港口经营人有前款规定情形的，由港口行政管理部门依照前款规定予以处罚。储存剧毒化学品、易制爆危险化学品的专用仓库未按照国家有关规定设置相应的技术防范设施的，由公安机关依照前款规定予以处罚。

生产、储存剧毒化学品、易制爆危险化学品的单位未设置治安保卫机构、配备专职治安保卫人员的，依照《企业事业单位内部治安保卫条例》的规定处罚。

第七十九条 危险化学品包装物、容器生产企业销售未经检验或者经检验不合格的危险化学品包装物、容器的，由质量监督检验检疫部门责令改正，处10万元以上20万元以下的罚款，有违法所得的，没收违法所得；拒不改正的，责令停产停业整顿；构成犯罪的，依法追究刑事责任。

将未经检验合格的运输危险化学品的船舶及其配载的容器投入使用的，由海事管理机构依照前款规定予以处罚。

第八十条 生产、储存、使用危险化学品的单位有下列情形之一的，由安全生产监督管理部门责令改正，处5万元以上10万元以下的罚款；拒不改正的，责令停产停业整顿直至由原发证机关吊销其相关许可证件，并由工商行政管理部门责令其办理经营范围变更登记或者吊销其营业执照；有关责任人员构成犯罪的，依法追究刑事责任：

（一）对重复使用的危险化学品包装物、容器，在重复使用前不进行检查的；

（二）未根据其生产、储存的危险化学品的种类和危险特性，在作业场所设置相关安全设施、设备，或者未按照国家标准、行业标准或者国家有关规定对安全设施、设备进行经常性维护、保养的；

（三）未依照本条例规定对其安全生产条件定期进行安全评价的；

（四）未将危险化学品储存在专用仓库内，或者未将剧毒化学品以及储存数量构成重大危险源的其他危险化学品在专用仓库内单独存放的；

（五）危险化学品的储存方式、方法或者储存数量不符合国家标准或者国家有关规定的；

（六）危险化学品专用仓库不符合国家标准、行业标准的要求的；

（七）未对危险化学品专用仓库的安全设施、设备定期进行检测、检验的。

从事危险化学品仓储经营的港口经营人有前款规定情形的，由港口行政管理部门依照前款规定予以处罚。

第八十一条 有下列情形之一的，由公安机关责令改正，可以处1万元以下的罚款；拒不改正的，处1万元以上5万元以下的罚款：

（一）生产、储存、使用剧毒化学品、易制爆危险化学品的单位不如实记录生产、储存、使用的剧毒化学品、易制爆危险化学品的数量、流向的；

（二）生产、储存、使用剧毒化学品、易制爆危险化学品的单位发现剧毒化学品、易制爆危险化学品丢失或者被盗，不立即向公安机关报告的；

（三）储存剧毒化学品的单位未将剧毒化学品的储存数量、储存地点以及管理人员的情况报所在地县级人民政府公安机关备案的；

（四）危险化学品生产企业、经营企业不如实记录剧毒化学品、易制爆危险化学品购买单位的名称、地址、经办人的姓名、身份证号码以及所购买的剧毒化学品、易制爆危险化学品的品种、数量、用途，或者保存销售记录和相关材料的时间少于1年的；

（五）剧毒化学品、易制爆危险化学品的销售企业、购买单位未在规定的时限内将所销售、购买的剧毒化学品、易制爆危险化学品的品种、数量以及流向信息报所在地县级人民政府公安机关备案的；

（六）使用剧毒化学品、易制爆危险化学品的单位依照本条例规定转让其购买的剧毒化学品、易制爆危险化学品，未将有关情况向所在地县级人民政府公安机关报告的。

生产、储存危险化学品的企业或者使用危险化学品从事生产的企业未按照本条例规定将安全评价报告以及整改方案的落实情况报安全生产监督管理部门或者港口行政管理部门备案，或者储存危险化学品的单位未将其剧毒化学品以及储存数量构成重大危险源的其他危险化学品的储存数量、储存地点以及管理人员的情况报安全生产监督管理部门或者港口行政管理部门备案的，分别由安全生产监督管理部门或者港口行政管理部门依照前款规定予以处罚。

生产实施重点环境管理的危险化学品的企业或者使用实施重点环境管理的危险化学品从事生产的企业未按照规定将相关信息向环境保护主管部门报告的，由环境保护主管部门依照本条第一款的规定予以处罚。

第八十二条 生产、储存、使用危险化学品的单位转产、停产、停业或者解散，未采取有效措施及时、妥善处置其危险化学品生产装置、储存设施以及库存的危险化学品，或者丢弃危险化学品的，由安全生产监督管理部门责令改正，处5万元以上10万元以下的罚款；构成犯罪的，依法追究刑事责任。

生产、储存、使用危险化学品的单位转产、停产、停业或者解散，未依照本条例规定将其危险化学品生产装置、储存设施以及库存危险化学品的处置方案报有关部门备案的，分别由有关部门责令改正，可以处1万元以下的罚款；拒不改正的，处1万元以上5万元以下的罚款。

第八十三条 危险化学品经营企业向未经许可违法从事危险化学品生产、经营活动的企业采购危险化学品的，由工商行政管理部门责令改正，处10万元以上

20万元以下的罚款；拒不改正的，责令停业整顿直至由原发证机关吊销其危险化学品经营许可证，并由工商行政管理部门责令其办理经营范围变更登记或者吊销其营业执照。

第八十四条 危险化学品生产企业、经营企业有下列情形之一的，由安全生产监督管理部门责令改正，没收违法所得，并处10万元以上20万元以下的罚款；拒不改正的，责令停产停业整顿直至吊销其危险化学品安全生产许可证、危险化学品经营许可证，并由工商行政管理部门责令其办理经营范围变更登记或者吊销其营业执照：

（一）向不具有本条例第三十八条第一款、第二款规定的相关许可证件或者证明文件的单位销售剧毒化学品、易制爆危险化学品的；

（二）不按照剧毒化学品购买许可证载明的品种、数量销售剧毒化学品的；

（三）向个人销售剧毒化学品（属于剧毒化学品的农药除外）、易制爆危险化学品的。

不具有本条例第三十八条第一款、第二款规定的相关许可证件或者证明文件的单位购买剧毒化学品、易制爆危险化学品，或者个人购买剧毒化学品（属于剧毒化学品的农药除外）、易制爆危险化学品的，由公安机关没收所购买的剧毒化学品、易制爆危险化学品，可以并处5000元以下的罚款。

使用剧毒化学品、易制爆危险化学品的单位出借或者向不具有本条例第三十八条第一款、第二款规定的相关许可证件的单位转让其购买的剧毒化学品、易制爆危险化学品，或者向个人转让其购买的剧毒化学品（属于剧毒化学品的农药除外）、易制爆危险化学品的，由公安机关责令改正，处10万元以上20万元以下的罚款；拒不改正的，责令停产停业整顿。

第八十五条 未依法取得危险货物道路运输许可、危险货物水路运输许可，从事危险化学品道路运输、水路运输的，分别依照有关道路运输、水路运输的法律、行政法规的规定处罚。

第八十六条 有下列情形之一的，由交通运输主管部门责令改正，处5万元以上10万元以下的罚款；拒不改正的，责令停产停业整顿；构成犯罪的，依法追究刑事责任：

（一）危险化学品道路运输企业、水路运输企业的驾驶人员、船员、装卸管理人员、押运人员、申报人员、集装箱装箱现场检查员未取得从业资格上岗作业的；

（二）运输危险化学品，未根据危险化学品的危险特性采取相应的安全防护措施，或者未配备必要的防护用品和应急救援器材的；

（三）使用未依法取得危险货物适装证书的船舶，通过内河运输危险化学品的；

（四）通过内河运输危险化学品的承运人违反国务院交通运输主管部门对单船运输的危险化学品数量的限制性规定运输危险化学品的；

（五）用于危险化学品运输作业的内河码头、泊位不符合国家有关安全规范，或者未与饮用水取水口保持国家规定的安全距离，或者未经交通运输主管部门验收合格投入使用的；

（六）托运人不向承运人说明所托运的危险化学品的种类、数量、危险特性以及发生危险情况的应急处置措施，或者未按照国家有关规定对所托运的危险化学品妥善包装并在外包装上设置相应标志的；

（七）运输危险化学品需要添加抑制剂或者稳定剂，托运人未添加或者未将有关情况告知承运人的。

第八十七条　有下列情形之一的，由交通运输主管部门责令改正，处10万元以上20万元以下的罚款，有违法所得的，没收违法所得；拒不改正的，责令停产停业整顿；构成犯罪的，依法追究刑事责任：

（一）委托未依法取得危险货物道路运输许可、危险货物水路运输许可的企业承运危险化学品的；

（二）通过内河封闭水域运输剧毒化学品以及国家规定禁止通过内河运输的其他危险化学品的；

（三）通过内河运输国家规定禁止通过内河运输的剧毒化学品以及其他危险化学品的；

（四）在托运的普通货物中夹带危险化学品，或者将危险化学品谎报或者匿报为普通货物托运的。

在邮件、快件内夹带危险化学品，或者将危险化学品谎报为普通物品交寄的，依法给予治安管理处罚；构成犯罪的，依法追究刑事责任。

邮政企业、快递企业收寄危险化学品的，依照《中华人民共和国邮政法》的规定处罚。

第八十八条　有下列情形之一的，由公安机关责令改正，处5万元以上10万元以下的罚款；构成违反治安管理行为的，依法给予治安管理处罚；构成犯罪的，依法追究刑事责任：

（一）超过运输车辆的核定载质量装载危险化学品的；

（二）使用安全技术条件不符合国家标准要求的车辆运输危险化学品的；

（三）运输危险化学品的车辆未经公安机关批准进入危险化学品运输车辆限

制通行的区域的；

（四）未取得剧毒化学品道路运输通行证，通过道路运输剧毒化学品的。

第八十九条 有下列情形之一的，由公安机关责令改正，处1万元以上5万元以下的罚款；构成违反治安管理行为的，依法给予治安管理处罚：

（一）危险化学品运输车辆未悬挂或者喷涂警示标志，或者悬挂或者喷涂的警示标志不符合国家标准要求的；

（二）通过道路运输危险化学品，不配备押运人员的；

（三）运输剧毒化学品或者易制爆危险化学品途中需要较长时间停车，驾驶人员、押运人员不向当地公安机关报告的；

（四）剧毒化学品、易制爆危险化学品在道路运输途中丢失、被盗、被抢或者发生流散、泄露等情况，驾驶人员、押运人员不采取必要的警示措施和安全措施，或者不向当地公安机关报告的。

第九十条 对发生交通事故负有全部责任或者主要责任的危险化学品道路运输企业，由公安机关责令消除安全隐患，未消除安全隐患的危险化学品运输车辆，禁止上道路行驶。

第九十一条 有下列情形之一的，由交通运输主管部门责令改正，可以处1万元以下的罚款；拒不改正的，处1万元以上5万元以下的罚款：

（一）危险化学品道路运输企业、水路运输企业未配备专职安全管理人员的；

（二）用于危险化学品运输作业的内河码头、泊位的管理单位未制定码头、泊位危险化学品事故应急救援预案，或者未为码头、泊位配备充足、有效的应急救援器材和设备的。

第九十二条 有下列情形之一的，依照《中华人民共和国内河交通安全管理条例》的规定处罚：

（一）通过内河运输危险化学品的水路运输企业未制定运输船舶危险化学品事故应急救援预案，或者未为运输船舶配备充足、有效的应急救援器材和设备的；

（二）通过内河运输危险化学品的船舶的所有人或者经营人未取得船舶污染损害责任保险证书或者财务担保证明的；

（三）船舶载运危险化学品进出内河港口，未将有关事项事先报告海事管理机构并经其同意的；

（四）载运危险化学品的船舶在内河航行、装卸或者停泊，未悬挂专用的警示标志，或者未按照规定显示专用信号，或者未按照规定申请引航的。

未向港口行政管理部门报告并经其同意，在港口内进行危险化学品的装卸、过驳作业的，依照《中华人民共和国港口法》的规定处罚。

第九十三条 伪造、变造或者出租、出借、转让危险化学品安全生产许可证、工业产品生产许可证，或者使用伪造、变造的危险化学品安全生产许可证、工业产品生产许可证的，分别依照《安全生产许可证条例》《中华人民共和国工业产品生产许可证管理条例》的规定处罚。

伪造、变造或者出租、出借、转让本条例规定的其他许可证，或者使用伪造、变造的本条例规定的其他许可证的，分别由相关许可证的颁发管理机关处10万元以上20万元以下的罚款，有违法所得的，没收违法所得；构成违反治安管理行为的，依法给予治安管理处罚；构成犯罪的，依法追究刑事责任。

第九十四条 危险化学品单位发生危险化学品事故，其主要负责人不立即组织救援或者不立即向有关部门报告的，依照《生产安全事故报告和调查处理条例》的规定处罚。

危险化学品单位发生危险化学品事故，造成他人人身伤害或者财产损失的，依法承担赔偿责任。

第九十五条 发生危险化学品事故，有关地方人民政府及其有关部门不立即组织实施救援，或者不采取必要的应急处置措施减少事故损失，防止事故蔓延、扩大的，对直接负责的主管人员和其他直接责任人员依法给予处分；构成犯罪的，依法追究刑事责任。

第九十六条 负有危险化学品安全监督管理职责的部门的工作人员，在危险化学品安全监督管理工作中滥用职权、玩忽职守、徇私舞弊，构成犯罪的，依法追究刑事责任；尚不构成犯罪的，依法给予处分。

第八章 附 则

第九十七条 监控化学品、属于危险化学品的药品和农药的安全管理，依照本条例的规定执行；法律、行政法规另有规定的，依照其规定。

民用爆炸物品、烟花爆竹、放射性物品、核能物质以及用于国防科研生产的危险化学品的安全管理，不适用本条例。

法律、行政法规对燃气的安全管理另有规定的，依照其规定。

危险化学品容器属于特种设备的，其安全管理依照有关特种设备安全的法律、行政法规的规定执行。

第九十八条 危险化学品的进出口管理，依照有关对外贸易的法律、行政法规、规章的规定执行；进口的危险化学品的储存、使用、经营、运输的安全管理，依照本条例的规定执行。

危险化学品环境管理登记和新化学物质环境管理登记，依照有关环境保护的法律、行政法规、规章的规定执行。危险化学品环境管理登记，按照国家有关规定收取费用。

第九十九条 公众发现、捡拾的无主危险化学品，由公安机关接收。公安机关接收或者有关部门依法没收的危险化学品，需要进行无害化处理的，交由环境保护主管部门组织其认定的专业单位进行处理，或者交由有关危险化学品生产企业进行处理。处理所需费用由国家财政负担。

第一百条 化学品的危险特性尚未确定的，由国务院安全生产监督管理部门、国务院环境保护主管部门、国务院卫生主管部门分别负责组织对该化学品的物理危险性、环境危害性、毒理特性进行鉴定。根据鉴定结果，需要调整危险化学品目录的，依照本条例第三条第二款的规定办理。

第一百零一条 本条例施行前已经使用危险化学品从事生产的化工企业，依照本条例规定需要取得危险化学品安全使用许可证的，应当在国务院安全生产监督管理部门规定的期限内，申请取得危险化学品安全使用许可证。

第一百零二条 本条例自2011年12月1日起施行。